우리가 꼭 지켜야 할

벼

❖ **일러두기**

- 1부의 농사짓는 법은 취재에 따랐습니다. 농사법은 지역이나 토질, 날씨 그리고 농부마다 다를 수 있습니다. 주로 취재한 곳은 전라북도 완주입니다. 그 밖에 경기도 일산과 파주, 충청북도 청원, 경상북도 경주, 지리산 둘레길 등도 취재했습니다.
- 2부의 식물의 이름, 학명, 개화 시기 등은 강병화 교수님의 감수와 국가생물종지식정보시스템(http://www.nature.go.kr/)을 따랐습니다. 식물을 취재한 곳은 경기도 광명, 파주, 문산, 용인, 서울 마포구 성미산과 양천구 신정동, 강원도 원주, 충청북도 청원, 전라북도 익산, 광릉 국립수목원, 강서 습지생태공원, 월드컵공원, 서오릉, 지리산 등입니다.

우리가 꼭 지켜야 할 벼

제1판 1쇄 발행일 2012년 6월 6일
제1판 8쇄 발행일 2024년 3월 18일

기획 _ 바람하늘지기, 책도둑(김민호, 박정훈, 박정식)
글 _ 노정임
그림 _ 안경자
감수 _ 강병화
도움 주신 분 _ 노환철
디자인 _ 토가 김선태

펴낸이 _ 김은지
펴낸곳 _ 철수와영희
주소 _ 서울시 마포구 월드컵로 65, 302호 (망원동, 양경회관)
전화 _ 02-332-0815
전송 _ 02-6003-1958
전자우편 _ chulsu815@hanmail.net
등록 _ 제319-2005-42호
ISBN 978-89-93463-29-3 77400

ⓒ 바람하늘지기, 노정임, 안경자 2012

* 이 책에 실린 일부나 전부를 다른 곳에 쓰려면 반드시 저작권자와 철수와영희 모두한테서 동의를 받아야 합니다.
* 잘못된 책은 출판사나 처음 산 곳에서 바꾸어 줍니다.
* 철수와영희 출판사는 '어린이' 철수와 영희, '어른' 철수와 영희에게 도움 되는 책을 펴내기 위해 노력하고 있습니다.

어린이제품 안전특별법에 의한 기타 표시사항

제품명 도서 | **제조자명** 철수와영희 | **제조국명** 한국 | **전화번호** 02-332-0815 | **제조연월** 2024년 3월 | **사용연령** 8세 이상
주소 04018 서울시 마포구 월드컵로 65, 302호(망원동, 양경회관)
주의사항 종이에 베이거나 긁히지 않도록 조심하세요. 책 모서리가 날카로우니 던지거나 떨어뜨리지 마세요.

우리가 꼭 지켜야 할 벼

기획 **바람하늘지기** | 글 **노정임** | 그림 **안경자** | 감수 **강병화**

머리말 ― 8
추천사 ― 10

1 그림책 · 벼

'밥 · 쌀 · 벼'가 무엇일까요? ― 14
벼의 한살이 ― 16
벼농사는 어떻게 지을까요? ― 18
벼는 무논에서만 기를 수 있나요? ― 25
논에 사는 동물과 식물 ― 28
벼와 함께해 온 우리 문화 ― 32
쌀밥 먹는 게 소원이던 어제, 쌀이 남아도는 오늘 ― 36
미래를 지키는 식량, 벼 ― 38

2 도감 · 볏과 식물

- **볏과 식물의 특징** — 42
- **볏과 곡식**

  귀리 — 44
  기장 — 45
  밀 — 46
  보리 — 47
  수수 — 48
  옥수수 — 49
  율무 — 50
  조 — 51

- **볏과 풀**

  강아지풀 — 52
  그령 — 53
  돌피 — 54
  뚝새풀 — 55
  띠 — 56
  바랭이 — 57
  새포아풀 — 58
  솔새 — 59
  억새 — 60
  잔디 — 61
  조개풀 — 62
  향모 — 63

- **비슷해 보이지만 볏과와는 다른 사초과 풀**

  바람하늘지기, 괭이사초, 방동사니 — 64
  왕골, 청사초, 올챙이고랭이 — 65

용어 해설 — 68
참고 도서 — 70

머리말

왜 벼와 논을 지켜야 할까요?

책을 만들다 보면 언젠가 꼭 만들어야지 다짐하는 책이 있게 마련입니다. 제게 그런 책 중 하나가 '벼'에 대한 책이었습니다. 주식이 되는 벼를 잘 알아야 한다고 생각했기 때문입니다.

이번 책을 준비하면서 벼에 대해서 많은 것을 알게 되었습니다. 벼의 특징과 장점, 논의 중요성, 전통적인 농사법도 새롭게 알게 되었습니다. 또, 벼와 쌀은 단순한 먹을거리가 아니구나 하고 깨달았습니다. 농업은 단순한 산업이 아닙니다. 우리 건강과 생명을 지켜주는 수호신입니다. 튼튼한 농촌, 건강한 논, 이를 지키는 농부들이 바로 수호신이지요.

이번 책을 준비하면서 부지런히 자료를 찾다가 가장 놀란 것은 두 가지였습니다. 하나는 우리나라의 농약 사용량이 무척 많다는 사실이었고, 두 번째는 논의 면적이 급격히 줄어들고 있다는 것입니다. 믿기 힘들지만 통계청의 자료가 맞다면, 지난 10년 동안 제주도 면적만큼의 논이 사라졌습니다. 통계청 자료는 이렇습니다. 2001년 논의 면적은 114만 6000헥타르, 2011년은 96만 헥타르입니다. 줄어든 면적이 18만 6000헥타르인데, 이 크기는 제주도 면적인 18만 4900헥타르보다 조금 더 넓습니다. 밭이 되기도 했겠지만, 어쨌든 주식인 벼를 기르는 논이 이렇게나 많이 줄어들었다는 사실을 알고 무척 놀랐습니다. 특히 최근 사오 년 사이에 급격히 줄어들었습니다.

한 가지 더 안타까운 것은 농촌과 농업에 대한 자료가 잘 알려지지 않았다는 사실이었습니다. 그만큼 관심과 조사가 적다는 뜻일 테니까요. 농촌의 고령화, 인구 감소와 관련된 자료들은 쉽게 찾을 수 있지만, 논의 면적이 줄어들고 있다는 것이나 여러 가지 농작물마다 자급률이

정확히 얼마인지는 확인하기가 쉽지 않았습니다. 앞으로는 우리에게 밥이 되는 식물인 벼와, 농촌과 농업에 대한 관심이 더욱 많아졌으면 좋겠습니다.

부모님은 40년 넘게 농사를 지어 오신 농부입니다. 지금도 벼농사를 지으십니다. 40년 동안 한 해도 거르지 않고 벼를 기르셨습니다. 초등학교 다닐 때, 어린 나도 모내기에 일손을 보탰습니다. 못줄을 잡기도 하고, 새참 나를 때 돕기도 했습니다. 학교 가는 길에는 논둑이 있어서 봄, 여름, 가을 동안 벼가 자라는 것을 자연스럽게 보았습니다. 가을에 벼가 다 익으면 벼를 베거나 볏단을 나르는 일도 했습니다. 그리고 잘 말린 벼를 곳간에 쌓을 때면, 벼 가마니가 너무 무거워서 들지도 못하면서도 부모님을 졸졸 따라다니며 곳간이 가득 채워지는 재미도 함께 느꼈습니다. 볏짚와 쌀겨를 끓여 소를 먹이기도 했고요.
   부모님이 기르신 벼를 먹고 자랐고, 지금도 부모님이 농사 지으신 쌀로 맛있게 밥을 지어 먹으며 살고 있습니다. 이 책을 만들고 나서 쌀밥을 먹을 때 그 맛이 더욱 깊게 느껴진답니다. 부모님은 우리 자식만을 기르신 게 아니라 논을 지키고 자연을 지키셨다는 것도 알았어요.

어린이들이 이 책을 읽고 밥을 아주 맛있게 먹게 되길 바랍니다. 그리고 왜 벼와 논이 지켜져야 하는지도 알게 되길 바랍니다. 이를 어른이 되어서도 잊지 않는다면 참 기쁘겠습니다.

2012년 5월 노정임

추천사

벼의 모든 것을 다루고 있는 책

대학원에 입학하여 잡초와 종자를 연구한 지 40년이 다 되어갑니다. 사람들이 알기 쉽게 잡초라는 말을 쓰기도 하지만, 사실 나는 잡초라고 말하지 않습니다. 모두 자원이 되므로 '자원식물'이라고 말합니다. 벼와 같은 작물도 피와 같은 풀도 모두 자원이 되는 식물입니다.

서른 살 넘어 자원식물과 농사에 대해 배우러 독일에 공부를 하러 갔습니다. 내가 유학을 가던 시절, 우리나라는 농업이 쇠퇴하고 공업이나 다른 산업이 각광받고 있었습니다. 그런데 독일에 가 보니 농지가 무척 넓어서 놀랐습니다. 선진국인 독일에 가면 공장도 많고 도시도 현대화되어 있을 것 같았는데, 독일은 말 그대로 농업 국가였습니다. 지금도 모든 선진국은 농업 국가라고 해도 틀리지 않습니다. 왜냐하면 선진국들은 곡물 자급률이 150퍼센트 정도 되기 때문입니다. 우리나라의 곡물 자급률은 쌀을 합쳐서도 30퍼센트가 안 됩니다.

벼가 우리나라의 주식이 된 이유는 벼가 우리나라 기후에 알맞기 때문입니다. 한 해 동안 비가 고르게 오지 않고 여름에 한꺼번에 몰려 내리기 때문에 물을 모아 두고 작물을 기르는 논농사가 발전했습니다. 그리고 쌀은 맛도 좋고 영양도 좋아서 식량이 되었지요. 그러니 다른 작물을 식량으로 기르려고 노력하기보다는 벼농사를 유지하고 발전시키는 것이 좋겠습니다. 내가 연구한 '자운영(콩과식물)을 이용한 친환경적인 쌀농사'도 한 가지 사례입니다. 모내기하기 전에 논에 자운영을 길러서 거름으로 쓰는 방법입니다. 쌀의 종자를 개량하는 방법은 물론이거니와 이렇게 농사를 짓는 방법에도 도움을 주는 것이 연구자의 임무입니다.

벼에 대한 품종 개발과 재배법에 대한 연구는 우리나라가 최고입니다. 우리나라에서 생산된 쌀은 우리나라 사람의 건강을 지켜줍니다. 2010년에 우리나라 사람이 먹은 쌀이 얼마나 되는지 알아보았습니다. 한 사람이 73킬로그램을 먹었다고 하더군요. 73킬로그램이면 쌀 한가마니인 80킬로그램이 안 됩니다. 10년 전과 비교해 보면 25킬로그램이나 줄어든 거예요. 우리 어린이들이 이 책을 읽고 밥을 맛있게 먹고 몸도 마음도 튼튼하게 자라길 소망합니다.

이 책의 내용을 찬찬히 보니, 벼에 대한 과학적 내용뿐만 아니라 말의 뜻부터 벼의 한살이, 논 농사 짓는 법, 논에 사는 동식물, 그리고 역사와 문화, 식량 문제까지 폭넓게 다루고 있습니다. 초등학생들의 교과목으로 말해 보자면 국어, 과학, 사회, 역사를 다 아우르고 있습니다. 벼를 다룬 책은 있지만 이렇게 통합 교과서처럼 아우른 책은 그리 많지 않아서 반가웠습니다. 연구 분야는 무척 세분화되어서 전체를 보기 어렵다는 아쉬움이 있었는데, 이 책은 전체를 보게 해 주니 어린이들에게 꼭 읽어 보라고 권하고 싶습니다.

그리고 책 뒤에는 볏과 식물 도감이 있어서 더욱 반가웠습니다. 벼 하나를 자세히 알고 나면, 다른 볏과 식물을 이해하기가 쉽지요. 볏과 식물들은 다른 풀들과 견주어 꽃도 화려하지 않고 무척 흔해서 주목받지 못했습니다. 그런데 모든 생명이 있는 데에는 다 이유가 있습니다. 모두 소중하지요.

어릴 때부터 식물을 자세히 관찰하면 식물, 땅, 자연, 지구 등을 사랑하는 마음이 생기고 세상을 보는 마음이 윤택해집니다. 풀을 만나면 자세히 들여다보세요. 식물들도 들여다볼수록, 그리고 보고 또 볼수록 참 예쁩니다. 내가 좋아하는 나태주 시인의 시 한 구절을 함께 읽으며 이 글을 마치고자 합니다.

"자세히 보아야 예쁘다
오래 보아야 사랑스럽다
너도 그렇다"

2012년 5월
고려대학교 생명과학대학 환경생태공학부
명예교수 강병화

1

그림책

벼

'밥·쌀·벼'가 무엇일까요?

'밥, 쌀, 벼' 가운데 가장 많이 쓰이는 말은 바로 '밥'이에요. 밥은 누구나 먹어요.
사람이 끼니로 먹는 음식을 밥이라고 하지요. 사람은 밥을 먹어야 살 수 있어요.
사람만 밥을 먹는 게 아니에요. 동물들이 먹는 먹이도 밥이라고 말해요.

한국의 쌀밥 / 프랑스의 빵 / 멕시코의 토르티야 / 인도의 난 / 동물도 먹고 식물도 먹는 잡식 동물 / 식물을 먹는 초식 동물 / 동물을 먹는 육식 동물

우리나라 사람들은 '밥'이라고 하면, 대개 '쌀로 지은 밥'을 떠올려요.
우리가 오랫동안 쌀밥을 주식으로 먹어 왔기 때문이에요.
그럼 '쌀'은 무엇일까요?
벼에서 겉껍질을 벗겨 낸 알맹이를 '쌀'이라고 하지요.

쌀과 밥을 못 본 친구는 없을 거예요. 하지만 '벼'를 못 본 친구는
있을 수도 있어요. 쌀과 밥은 부엌에 있지만, 벼는 논에서 자라니까요.
벼는 쌀을 얻으려고 논에 심어 기르는 한해살이풀이랍니다.
이처럼, 밥과 쌀은 벼에서 나와요!

*밥보다 먼저 해 먹었던 죽

낟알이 풀어지게 끓인 것은 '죽'이에요. 쌀은 아주 오래전부터 먹었는데, 먹기 시작했을 때부터 밥을 지어 먹은 것은 아니에요. 구워 먹고 쪄 먹고 가루 내어 죽을 쑤어 먹다가, 밥을 지을 수 있는 그릇이 만들어지고 밥을 짓는 방법을 깨친 뒤부터 밥을 지어 먹게 되었지요.

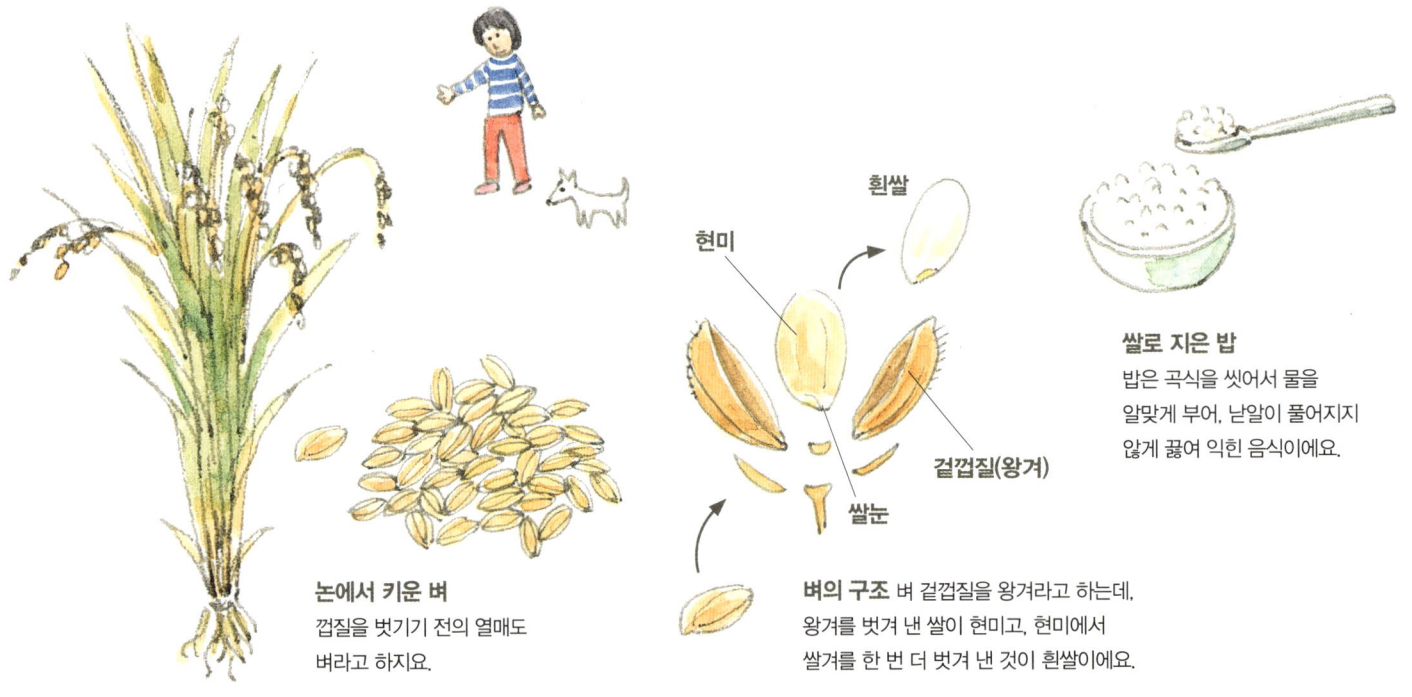

논에서 키운 벼
껍질을 벗기기 전의 열매도 벼라고 하지요.

벼의 구조 벼 겉껍질을 왕겨라고 하는데, 왕겨를 벗겨 낸 쌀이 현미고, 현미에서 쌀겨를 한 번 더 벗겨 낸 것이 흰쌀이에요.

현미 / 흰쌀 / 쌀눈 / 겉껍질(왕겨)

쌀로 지은 밥
밥은 곡식을 씻어서 물을 알맞게 부어, 낟알이 풀어지지 않게 끓여 익힌 음식이에요.

● **여러 가지 쌀**

곡식의 껍질을 벗긴 것을 통틀어서 '쌀'이라고 말하기도 해요. 그래서 보리, 조, 수수에서 거둔 곡식을 보리쌀, 좁쌀, 수수쌀이라고 말하지요. 밥은 쌀로만 짓기도 하지만, 다른 곡식을 넣어서 지으면 더 맛있어요. 곡식마다 맛도 다르고 담고 있는 영양분도 달라서 여러 곡식을 섞어서 밥을 지으면 더 맛있고 영양도 좋아요.

현미는 왕겨만 벗겨 낸 쌀이고, 흰쌀은 쌀겨를 한 번 더 깎아 낸 거예요.

흰쌀은 어른들이 '멥쌀'이라고 부르기도 해요.

찹쌀은 멥쌀보다 색이 뽀얗고, 밥을 해서 먹으면 쫄깃쫄깃해요.

검은쌀을 넣어 지은 밥은 보랏빛이 돌아요.

보리쌀은 통통한 타원형이고 가운데 줄이 있어요.

좁쌀은 동그랗고 쌀 중에서 크기가 가장 작아요.

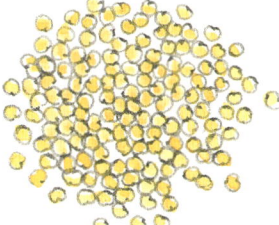
기장쌀은 좁쌀보다 조금 커요.

수수쌀은 동그랗고 붉은빛이 돌아요.

옥수수쌀은 멧돌에 타서 껍질을 벗긴 뒤 밥에 넣어요.

세계인의 절반이 주식으로 삼은 쌀

쌀을 주식으로 삼은 사람들은 세계인의 절반이 넘어요. 우리나라처럼 쌀을 주식으로 삼은 나라는 대개 아시아랍니다. 세계에서 나는 쌀의 약 90퍼센트가 아시아에서 나지요. 아래 지도에서 보이는 것처럼 세계 곳곳에서 쌀을 기르고 있지만, 기후가 알맞고 주식으로 삼고 있는 아시아에서 생산되는 양이 가장 많아요.

우리나라는 기후 때문에 일 년에 한 번 벼를 수확할 수 있어요. 더 따뜻한 나라는 한 해에 세 번 벼를 거두는 삼모작을 하고 있어요. 거의 일 년 내내 벼를 거두는 거지요.

쌀은 나는 곳의 기후에 따라서 종류도 다르고 맛도 달라요. 우리나라와 일본, 중국 동북 지역에서 주로 먹는 쌀은 둥근 모양의 쌀알인데 밥을 지으면 쫀득쫀득 차져요. 이 품종을 '자포니카'라고 하는데 온대 지역에서 잘 자라요. 열대 지방에서는 주로 쌀알이 긴 '인디카' 품종의 벼가 잘 자라지요.

자포니카 쌀알
우리나라 사람들은 동그스름하게 생긴 자포니카 쌀을 많이 먹어요. 밥을 지으면 찰기가 있어요.

인디카 쌀알
동남아시아 사람들은 대개 길쭉한 인디카 쌀을 많이 먹지요. 밥을 하면 차지지 않고 포슬포슬해요.

벼를 재배하는 지역

벼의 한살이

벼는 한해살이풀이에요. 한해살이풀은 한 해 동안만 살아가는 식물이라서 겨울에 씨앗을 잘 보관해 두었다가 이듬해 봄이 오면 논이나 밭에 씨앗을 뿌려 기른답니다. 봄에 뿌린 씨앗은 여름을 지나 쑥쑥 자라고 가을에 열매를 맺지요.

❶ 잘 여문 볍씨를 골라요.

❷ 볍씨를 물에 불려요.

❸ 물에 담가 둔 볍씨가 통통해지고 싹이 희끗희끗 돋아났어요.

❹ 싹이 튼 볍씨를 땅에 뿌리면 모가 자라요. 모는 벼의 싹을 말해요. 뿌리는 아래로, 떡잎은 위로 자라지요.

❺ 볍씨의 영양만으로 이만큼 자랐어요.

❻ 잎과 뿌리가 자라요. 잎 서너 장이 나면 모를 옮겨 심어요.

❼ 모 3~5개를 한데 심어요.

❽ 여름 동안 포기가 늘어요. 줄기 아래에서 눈이 나와서 포기가 늘지요. '새끼치기' 또는 '분얼'한다고 해요. 많게는 줄기가 40개까지 늘어나고 이삭은 20개 정도 나와요.

벼꽃이 피었어.

벼꽃 벼 껍질이 벌어지면서 수술이 밖으로 나와요. 꽃가루받이(수정)를 하고 나면 벼 껍질이 닫히지요. 날씨가 나쁘면 벼 껍질이 닫힌 채로 수정을 하기도 해요.

❾ 여름이 지나고 이삭이 팼어요. 벼꽃이 핀 거예요. 위쪽부터 꽃이 피고 열매를 맺어요.

벼농사는 어떻게 지을까요?

햅쌀밥 먹어 봤어요? 그해 나온 쌀을 '햅쌀'이라고 해요. 갓 거둔 쌀을 겉껍질을 벗겨서 곧바로 밥을 하면 윤기가 자르르하고 씹으면 차지고 단맛이 많이 나요.
이렇게 맛있는 쌀을 얻으려면 때를 놓치면 안 돼요. 씨를 뿌릴 때 씨를 뿌려야 하고, 거두어야 할 때 거두지 않으면 농사를 망쳐요. 비와 바람 같은 날씨도 도와주어야 하지요. 물이 많이 필요할 때에 비가 안 오거나, 이삭이 여물었을 때 태풍이라도 불면 볏단이 쓰러져 흉년이 들 수도 있어요. 농부가 날마다 논에 나가 벼를 보살피며 부지런히 일해서 우리가 맛있는 밥을 먹을 수 있는 거랍니다.
그럼, 벼를 어떻게 기르는지 알아볼까요?

3월 논갈이 — 봄

논에 거름하기
땅을 갈기 전에 거름을 뿌려요. 지난해에 남은 벼의 뿌리와 밑동도 거름이 되지요.

땅 갈기
농사 준비는 늘 땅을 일구는 일부터 시작해요. 깊게 갈아야 벼가 뿌리를 잘 내려요.

논둑 다지기
논에 물을 대기 전에 물이 새는 곳이 없도록 논둑을 잘 다져요.

물 대기
물꼬를 터서 논에 물을 대요.

써레질
덩어리진 흙을 잘게 부숴 부드럽게 만들어요. 써레질을 하면 논이 평평해져서 물이 고르게 담기고, 땅이 부드러워져서 모내기하기 좋아요.

4월 볍씨(씻나락) 준비

달걀이 뜰 정도로 진한 소금물을 만들어요. 소금물에 볍씨를 넣어 볍씨를 가릴 거예요.

알차게 여문 볍씨는 소금물에 가라앉아요. 뜨는 것은 버리고, 가라앉은 볍씨만 씨앗으로 쓰지요.

소금물에서 건진 볍씨를 깨끗이 씻은 다음, 3~5일 정도 물에 담가서 불려요.

불린 볍씨를 건져 온도를 잘 맞춰 주면 싹을 틔우지요. 싹이 고루고루 터야 모가 잘 자라요. 싹이 트기 시작하면 못자리에 뿌려요.

못자리 만들기

볍씨를 논에 직접 뿌리지 않고 미리 모를 키워요. 예전에는 논 한쪽에 못자리를 만들어서 볍씨를 뿌렸어요. 요즘은 기계로도 심을 수 있게 상자, 즉 모판에서 키워요.

모판에 흙을 넣어요.

물을 골고루 뿌려요.

흙을 넣은 모판에 볍씨를 넣어요. 볍씨를 넣고 흙으로 살짝 덮어 주어요.

모판이 평평해야 모가 고르게 잘 자라요.

모판을 부직포로 이불처럼 덮어 두어요. 물을 대 주고 온도를 맞춰 주면 곧 모가 날 거예요. 30~40일쯤 모를 키워서 옮겨 심어요.

5월 모내기

못자리에서 키운 모를 논에 옮겨 심어요.
이렇게 모내기를 하면 풀도 덜 나고, 뿌리가 튼튼해지고,
포기가 많이 늘어서 더 많은 벼를 거둘 수 있어요.

요즘은 '이앙기'로 모를 많이 심어요.
기계가 닿지 않는 곳은 사람 손으로 심지요.

못줄에 맞춰 줄지어 심어요. 한 자리마다 모를 서너 개씩 꽂아요.
모를 줄지어 심으면 바람이 잘 통하고, 잡초를 뽑거나 거름을 주기도 좋지요.
모내기는 여럿이 힘을 모아야 할 수 있어요.

6월 논물 빼기

모는 줄기를 늘리며 자라요. 모내기 때 3~4개를 심지만,
뿌리에서 새로운 줄기를 여럿 늘리며 자라기 때문에
잎도 많아져요. 포기에서 줄기가 나뉘고 나면 논의 물을
자작자작하게 빼 줘요. 땅을 단단하게 하려고 물을 걸러
대기를 하는 거예요.

여름

걸러 대기는 2~3일씩 물을 뺐다가 대기를 몇 차례
해 주는 거예요. 그 뒤부터는 추수 전까지 논에
물이 항상 가득 채워져 있어야 해요. 농부들은 물이
넘치지도 모자라지도 않게 늘 논물을 관리하지요.

7월 피사리와 벌레 잡기

요즘은 잡초 싹이 올라올 때 논에 우렁이나 오리를 풀어 잡초를 먹게 하는 방법을 쓰기도 해요.

논농사는 논에 늘 물이 차 있어서 잡초가 적게 생기는 편이에요. 그래도 물에서 잘 자라는 피나 방동사니 같은 풀이 올라와요. 손으로 하나하나 피를 뽑는 것을 '피사리'라고 해요. 피는 돌피나 강피, 물피 같은 잡초를 말하지요.

벼를 좋아하는 벌레도 논에 많이 날아와요. 벼멸구 같은 해로운 벌레가 번져서 벼가 상하지 않도록 보살펴야 해요.

벼멸구

8월 거름주기

잎과 줄기가 쑥쑥 자라더니, 줄기 끝이 도톰해졌어요. 벼 이삭이 나올 무렵 농부들은 부지런히 논에 거름도 주고 물도 충분히 대 주어요. 이삭이 패기 전에 주는 거름을 '이삭 거름'이라고 하고, 이삭이 팬 뒤에 주는 거름은 '알 거름'이라고 한답니다. 이때 물과 거름을 잘 대 주어야 이삭이 알차게 여물어요.

벼꽃이 피었어요. 아주 빨리 꽃가루받이를 한답니다. 2~3시간 안에 수정을 하고 곧 지지요. 옛 어른들은 "벼꽃 필 때는 거름도 주지 말라"고 했대요. 부지런한 농부도 이때는 논에 가지 않고 벼꽃이 알아서 일하길 조용히 기다리지요.

9월 물떼기

벼가 노랗게 익었어요. 빛깔을 보고 익은 때를 알지요.
이제 논에 댔던 물을 빼 주어요.

가을

논은 봄에 물을 대고 나서 가을걷이 전까지 여섯 달 가까이 물을 담고 있지요. 이제 물을 뺄 때가 왔어요. 벼를 베기 20~30일 전에 물꼬를 터서 물을 다 빼요. 이렇게 하면 뿌리가 양분을 잘 흡수해서 이삭도 더욱 알차게 여물어요. 또 땅이 바짝 마르고 벼 줄기도 말라야 벼를 베기 좋지요.

10월 가을걷이

낟알이 90퍼센트 이상 누렇게 익으면 벼를 베어요.

기계로 베면 벼 베기와 탈곡을 한꺼번에 해요.

오른손잡이라면, 왼손으로 벼 포기를 잡고 오른손에 든 낫으로 삭삭 벼를 베지요.

탈곡하기

수확한 벼를 탈곡해요. 탈곡은 낟알을 떨어내는 거예요.
기계를 쓰기 전에는 홀태로 낟알을 훑어냈어요.

11월 벼 말리기

햇볕에 널어서 3~4일 말려요. 그래야 오래 두고 먹어도 벼가 상하지 않아요. 벼를 말릴 때 비가 오거나 날이 흐리면 벼가 썩거나 상해요. 마당에 멍석 펴고 널어놓은 곡식도 자연재해를 입을 수 있으므로 농부들은 이때까지도 마음을 놓을 수 없어요.

알맞게 말린 벼를 가마니에 담아요.
이제 한 해 벼농사가 모두 끝이 났어요.

농사는 혼자서 지을 수 없답니다.
여럿이 힘을 모아 모내기도 하고 가을걷이도 해요.
예전보다 줄어들긴 했지만 오늘날 우리나라의 10퍼센트가 넘는 땅이 논이에요.
그래서 도시에서 조금만 벗어나면 쉽게 벼 논을 볼 수 있어요.
봄에는 푸릇푸릇 잔디밭 같고, 여름에는 짙푸른 풀밭 같고,
가을엔 '황금물결'이라는 말처럼 누렇게 익은 벼가 넘실거리지요.

● **전통적인 농업과 현대의 농업 방식을 비교해 보아요**

100여 년 전인 1909년에 한국·중국·일본을 여행한 미국의 킹 박사는 이렇게 말했어요.
"한국·중국·일본은 효과 좋은 거름을 어디에서나 쓰고 있다. 지난 수천 년 동안 모든 논밭을 비옥하게 만들어 왔다. 서양에서 무시해 온 쓰레기를 도리어 귀하게 여기며 땅에 뿌려 왔다. 사람의 몸이나 연료에서 나온 배설물과 쓰레기는 모두 땅으로 되돌아간다."
여기서 말한 '배설물과 쓰레기'는 똥오줌, 재, 음식 찌꺼기, 잡초, 낙엽 등으로 만든 거름을 말해요.

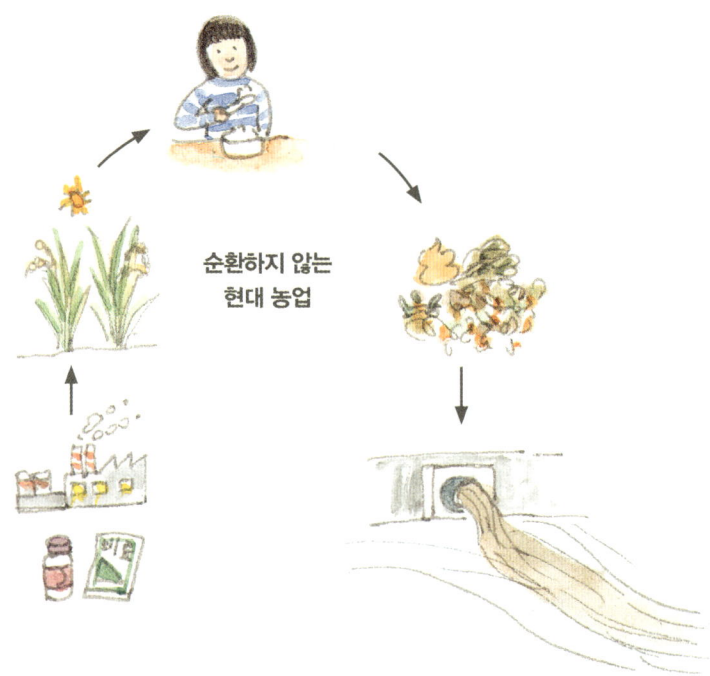

똥오줌 등으로 거름을 주면 버려지는 것 없이 땅도 기름지게 되지요. 똑같은 씨앗을 키워도 땅이 기름지면 벼가 튼튼하게 자라요. 어떤 작물이든 잘 관리된 땅에서 제철에 건강하게 자랄수록 영양이 많고 맛있답니다.

농약과 비료의 본모습

- **생산량이 늘어나는 까닭** 벼를 비롯해서 여러 가지 농작물의 생산량은 점점 늘고 있습니다. 농기계도 발달하고, 농사법도 과학의 도움을 받아 계속 발전하고 있기 때문입니다. 그런데 생산량이 많아진 또 하나의 이유가 있습니다. 화학 비료와 농약을 쓰기 때문이에요. 농약과 화학 비료를 사용하는 농사법은 겨우 100여 년 전에 시작된 거예요. 널리 사용된 것은 1970년대부터이지요.

  농약에는 여러 종류가 있습니다. 병균을 막는 살균제, 해충을 죽이는 살충제, 풀을 없애는 제초제와 작물의 성장을 조절하는 생장 조절제 등이 있어요. 비료는 땅에 부족해지기 쉬운 특정한 영양분을 보충해 주는 역할을 합니다. 농약과 비료를 사용하게 되면서 같은 면적의 땅에서 농작물의 수확량은 더 높아졌어요.

- **안전한 농산물 만들기** 모든 방법에는 좋은 점과 나쁜 점이 있습니다. 생산량이 많아지는 대신에 농약과 비료 사용으로 치러야 할 대가도 만만치 않습니다. 우선 농약을 뿌리는 농부는 건강이 나빠지고 농약을 사느라 큰돈을 씁니다. 땅으로 흘러 들어간 농약으로 물이 오염됩니다. 농약과 비료를 오랫동안 많이 뿌리면 땅은 힘을 잃고 해충은 내성이 생겨서 점점 더 많은 농약과 비료를 뿌리게 됩니다. 적정한 사용량을 지키지 않은 농작물에는 농약이 남아 있기 때문에 먹은 사람의 건강에도 영향을 끼칩니다.

  최근의 농약은 독성을 없애기 위해 바람, 햇빛, 미생물에 분해되도록 만들어지기도 했습니다. 하지만 적정한 사용량보다 많이 뿌리는 경우가 많습니다. 사용량뿐만 아니라 뿌리는 시기도 지켜야 합니다. 꼭 뿌려야 한다면, 필요한 곳에 알맞은 때에 정확한 사용량을 지켜야 합니다. 우리나라에서 생산되는 농산물은 대개 안전합니다. 하지만 멀리서 수입되어 온 농산물은 썩지 않게 하려고 살균제나 살충제가 뿌려져 있어서 건강을 위협하기도 합니다.

벼는 무논에서만 기를 수 있나요?

'무논'이란 물이 괴어 있는 논을 말해요. 벼는 무논에서 길러요.
하지만 꼭 무논에서만 기를 수 있는 건 아니에요. 물을 대지 않고 작물을 기르는 밭에서
벼를 기르기도 해요. 밭에 심어 기른 벼를 '밭벼'라고 하지요.
모내기를 하는 논농사 방법을 쓰기 전에는 밭벼로 길러 먹었어요.
요즘도 텃밭에 밭벼를 기르기도 해요.

우리나라에서 논벼와 밭벼의 비율

논벼 99.3퍼센트　　　밭벼 0.7퍼센트

아주 오래전, 옛 사람들은 어떻게 벼농사를 지었을까요?

화전 불 지른 자리에 씨를 뿌리는 화전에서 벼와 같은 곡식을 길렀어요.

밭농사 밭을 일구고 벼를 심었어요.

천수답 평소에는 물이 없으나 도랑물이나 빗물로 벼농사를 지을 수 있는 땅이에요.

저수지와 논 저수지를 만들어 물을 가두어 두고 논에 물이 필요할 때 썼어요. 우리나라에 남아 있는 저수지 중에 가장 오래된 것은 삼국 시대에 만든 것이랍니다.

● 무논에서 벼를 키우면 좋은 점

벼는 다른 곡식과 달리 논에 물을 대고 가꿔요. 그래서 벼농사를 '논농사'라고도 해요.
우리나라는 여름에 비가 많이 내려서 논농사를 짓기 좋아요.
논에서 벼를 키우면 어떤 점이 좋을까요? 잡풀이 자라는 것을 막을 수 있어요.
또 무논은 흙이 부드럽기 때문에 맨땅보다는 줄기가 더 '새끼치기'를 잘하고
뿌리가 더 힘차게 뻗어 내려서 이삭이 많아지지요. 그래서 수확량이 많아지는 거예요.

● 농기구가 중요해

농사를 짓는 데 농기구는 무척 중요해요.
땅을 깊게 갈고, 부드럽게 골라야 벼가 쑥쑥 잘 자라거든요.
벼농사에 쓰이는 농기구도 점점 발달해 왔어요.
오랫동안 써 온 농기구는 예나 지금이나 모양이 비슷해요.

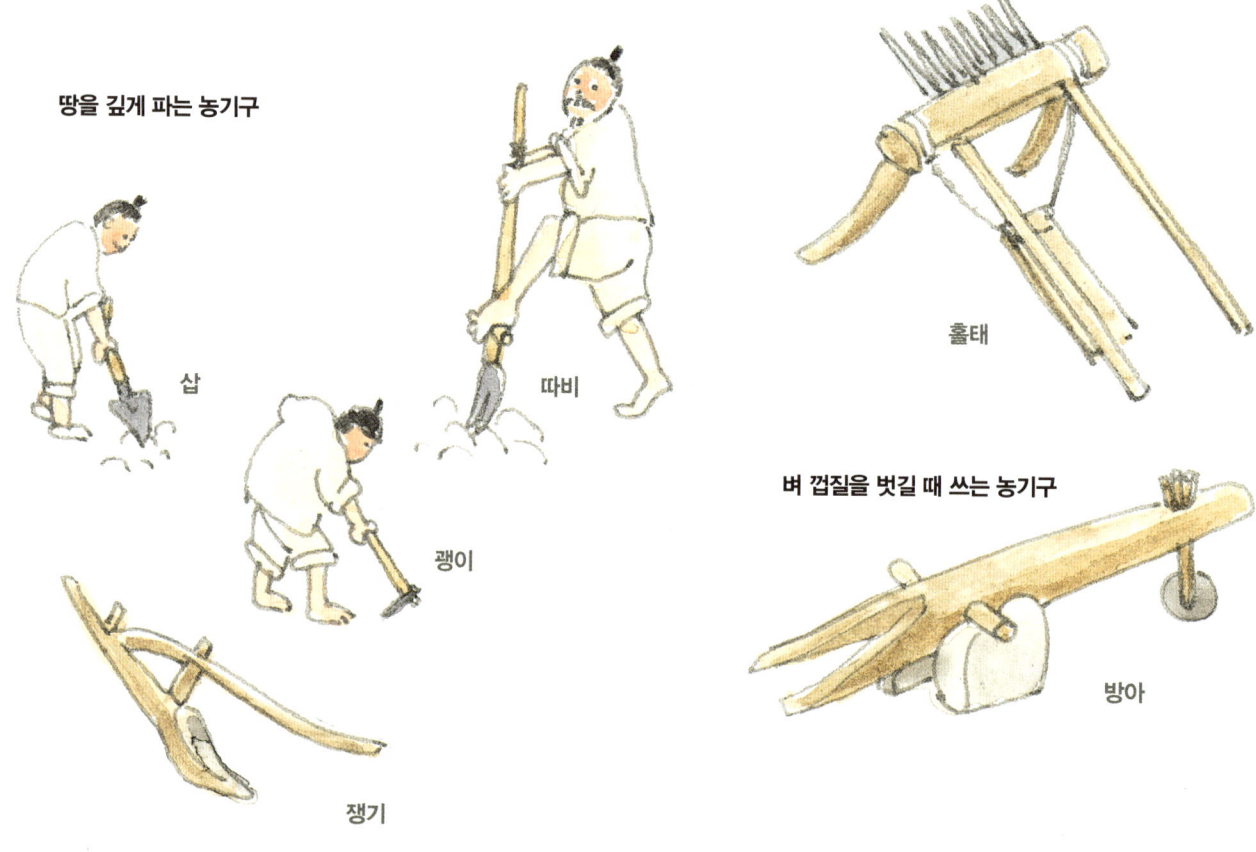

땅을 깊게 파는 농기구 — 삽, 따비, 괭이, 쟁기

벼 낟알을 털 때 쓰는 농기구 — 홀태

벼 껍질을 벗길 때 쓰는 농기구 — 방아

*소를 이용한 농사

삼국 시대부터 시작되었다고 알려져 있어요. 열 사람 몫을 소 한 마리가
해내지요. 소를 이용한 농사를 '우경 농법'이라고 해요. 이삼십 년
전까지도 소가 농사일을 많이 도왔어요. 기계를 쓰게 되면서 최근에는
소를 농사에 거의 이용하지 않게 되었어요. 하지만 오늘날에도 소를
이용해 농사를 짓기도 해요.

흙을 잘게 부수거나 땅을 평평하게 고르는 농기구

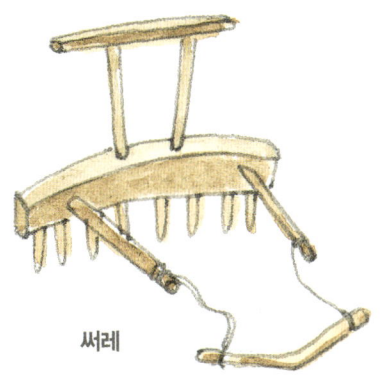
써레

쇠스랑

벼를 거둘 때 쓰는 농기구

선사 시대에 쓰던 반달 돌칼

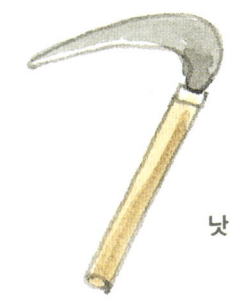
낫

벼농사의 역사

● **벼농사는 언제부터 지었을까요?** 처음에는 들판에서 저절로 나는 여러 곡식들을 먹고 살았을 거예요. 기장, 조, 보리, 밀, 벼 등등. 그러다 씨를 뿌려 곡식들을 기르게 되었지요. 곡식을 기른다는 것은 농사짓기가 시작되었다는 뜻이에요. 농사는 신석기 시대에 시작되었어요.

발견되는 볍씨 유물과 재배한 흔적을 살펴보니 우리나라에서는 지금부터 약 2000~3000년 전에 벼를 기르기 시작했다고 해요. 하지만 더 오래된 볍씨 유물이 발견되고 있어서 4500년 전부터 길러 왔다고 보는 학자도 있어요. 쌀농사가 시작되었다고 모든 사람이 쌀을 주식으로 먹지는 않았어요. 널리 퍼진 것은 삼국 시대에 들어서랍니다. 삼국 시대와 고려 시대까지만 해도 귀족들이 주로 먹었고, 조선 시대가 되어서야 주식으로 자리 잡았어요.

● **벼농사는 어디서 시작되었을까요?** 여러 가지 설이 있지만 중국과 인도 지역에서 처음 시작되어 우리나라에 들어왔다는 설이 가장 유력해요. 쌀은 우리나라 풍토에 잘 맞았고, 농사법이 발달하면서 점차 주식으로 자리 잡게 되었답니다.

재배 벼의 기원과 전파

● **토종 볍씨와 다양한 품종** 이처럼 벼농사는 수천 년 동안 이어져 왔어요. 우리나라 기후에 맞게 농사법과 씨앗도 점점 발전되어 왔지요. 그런데 일제 강점기부터 토종 볍씨는 사라지기 시작했어요. 일본이 개량 품종을 재배하게 하였기 때문이에요.

그 뒤 벼 품종은 계속 변화해 왔어요. 인구가 증가하여 쌀이 부족해졌을 때는 우리나라에서 새로이 개발한 '통일벼' 품종으로 쌀 생산량을 대폭 늘렸지요. 벼 품종을 개발하고 기르는 우리나라의 기술은 세계에서 손꼽을 만큼 뛰어납니다. 최근에는 생산량뿐만 아니라 병해충에도 강하고 날씨에도 강한 벼를 만들어 내었답니다. 또 과학자들은 더욱 맛이 좋은 쌀 품종도 계속 개발하고 있어요.

그럼 우리 토종 볍씨는 사라졌을까요? 밭벼는 대개 토종이랍니다. 우리나라에 알맞은 토종 볍씨를 갖고 있는 일은 매우 중요해요. 해마다 외국에서 사 온 씨앗을 심다가, 만약 외국의 씨앗 회사에 문제가 생기면 벼를 심을 수 없게 되잖아요. 또한, 품종을 다양하게 가지고 있는 것이 좋아요. 획기적인 생산량으로 식량 부족에 도움을 주었던 '통일벼'를 지금은 심지 않게 된 것은 이삭이 무거워서 바람이 불면 잘 쓰러졌고, 또 저온 현상이 있으면 크게 흉년이 들었기 때문이에요.

해마다 기후나 병해충이 다르게 나타나기 때문에 품종마다 수확량도 달라진답니다. 그래서 토종 씨앗을 비롯한 여러 가지 다양한 품종을 재배하는 것이 흉년을 막을 수 있는 방법 가운데 하나랍니다.

논에 사는 동물과 식물

논에는 벼만 살지 않아요. 무척 많은 동물과 식물이 살고 있어요.
이렇게 여러 종의 생물이 살고, 또 다양한 서식처가 있을 때 '생물 다양성'이 높다고 말해요.
생물 다양성이 높아야 건강한 환경이에요.
논은 사람 손으로 만든 습지예요. 습지는 생물 다양성이 높은 아주 중요한 생태계랍니다.
우리나라에서 가장 넓은 습지는 바로 논이에요.
논은 사람이 사는 마을처럼 여러 생명이 자라고 어울려 사는 생명의 터전이랍니다.

● **논에서 만날 수 있는 동물**

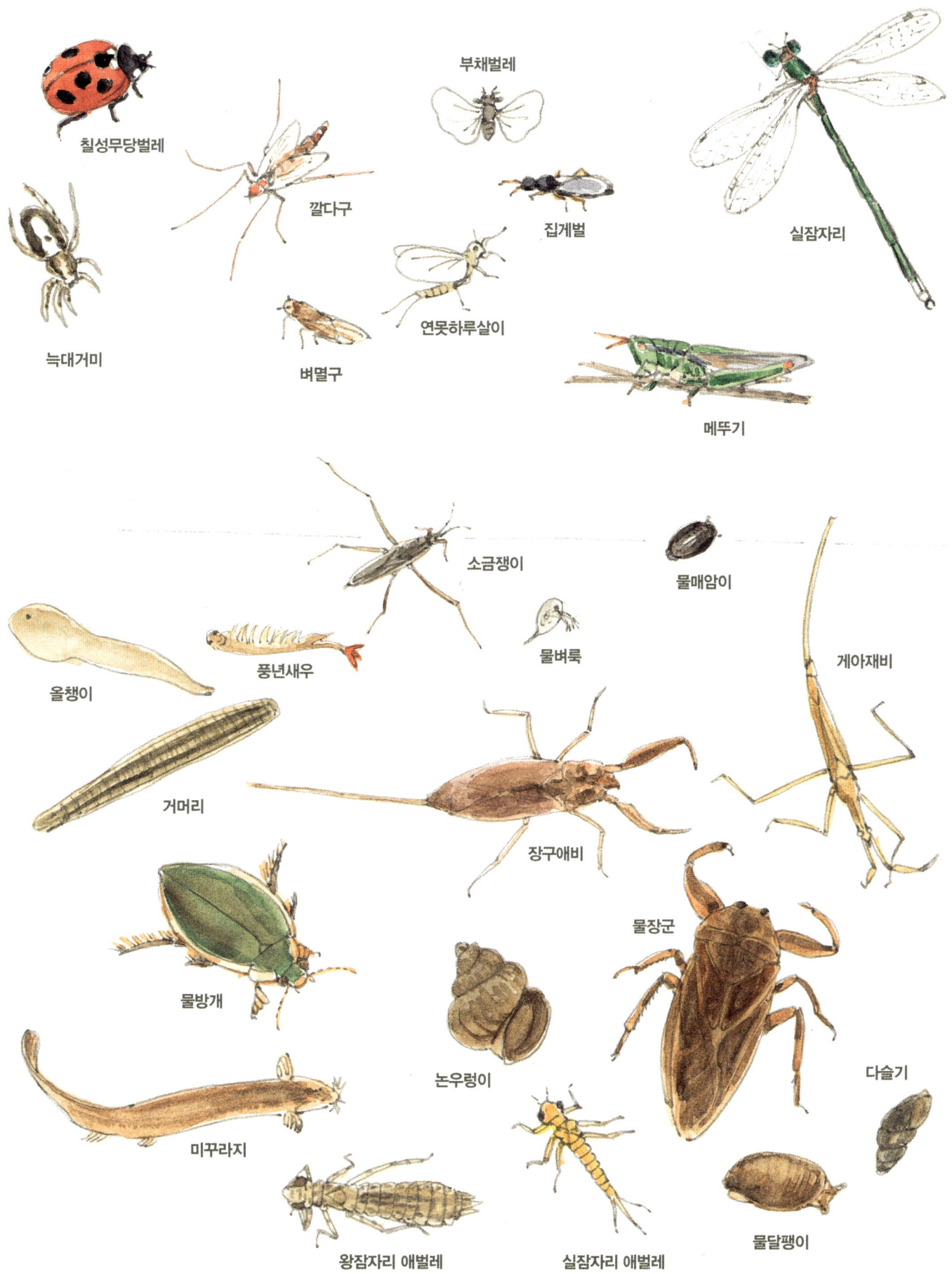

● 논에서 만날 수 있는 식물

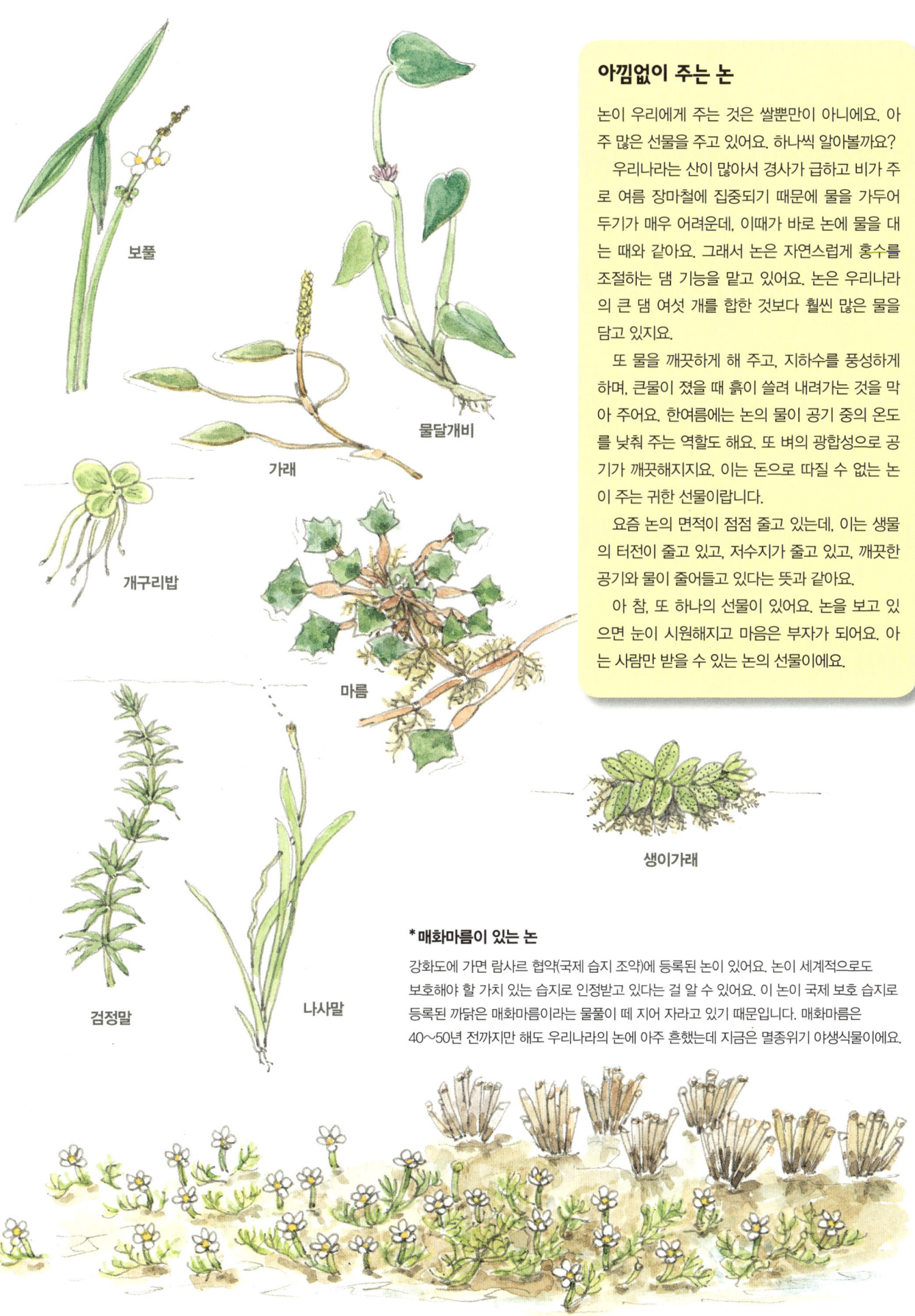

아낌없이 주는 논

논이 우리에게 주는 것은 쌀뿐만이 아니에요. 아주 많은 선물을 주고 있어요. 하나씩 알아볼까요?

우리나라는 산이 많아서 경사가 급하고 비가 주로 여름 장마철에 집중되기 때문에 물을 가두어 두기가 매우 어려운데, 이때가 바로 논에 물을 대는 때와 같아요. 그래서 논은 자연스럽게 홍수를 조절하는 댐 기능을 맡고 있어요. 논은 우리나라의 큰 댐 여섯 개를 합한 것보다 훨씬 많은 물을 담고 있지요.

또 물을 깨끗하게 해 주고, 지하수를 풍성하게 하며, 큰물이 졌을 때 흙이 쓸려 내려가는 것을 막아 주어요. 한여름에는 논의 물이 공기 중의 온도를 낮춰 주는 역할도 해요. 또 벼의 광합성으로 공기가 깨끗해지지요. 이는 돈으로 따질 수 없는 논이 주는 귀한 선물이랍니다.

요즘 논의 면적이 점점 줄고 있는데, 이는 생물의 터전이 줄고 있고, 저수지가 줄고 있고, 깨끗한 공기와 물이 줄어들고 있다는 뜻과 같아요.

아 참, 또 하나의 선물이 있어요. 논을 보고 있으면 눈이 시원해지고 마음은 부자가 되어요. 아는 사람만 받을 수 있는 논의 선물이에요.

*매화마름이 있는 논

강화도에 가면 람사르 협약(국제 습지 조약)에 등록된 논이 있어요. 논이 세계적으로도 보호해야 할 가치 있는 습지로 인정받고 있다는 걸 알 수 있어요. 이 논이 국제 보호 습지로 등록된 까닭은 매화마름이라는 물풀이 떼 지어 자라고 있기 때문입니다. 매화마름은 40~50년 전까지만 해도 우리나라의 논에 아주 흔했는데 지금은 멸종위기 야생식물이에요.

벼와 함께해 온 우리 문화

어여 어허여루 상사디여
여보시오 농부님네 이 내 말을 들어보소
어루화 농부들 말 들어요
전라도라 하는 데는 신산이 비친 곳이라
저 농부들도 상사소리를 메기는데
각기 저정거리고 너부렁거리네

일노래 〈농부가〉의 한 마디랍니다.
'상사소리'는 논에 모를 심으면서 부르는
노래라는 뜻이에요.
일노래는 시원스럽고 힘차게 내지르며
불러야 제맛이지요.

옛 농부들은 〈농부가〉를 부르며
힘든 모내기를 함께했어요.
벼농사는 일손이 많이 필요해서
마을 사람 여럿이 함께 일했어요.
앞집 모내기를 끝내고 나서
우리 집 모내기를 했어요.
이를 '품앗이'라고 해요.
이렇게 일하다가 새참으로
시원한 막걸리도 한 잔 마셨을 거예요.
온 동네 모내기가 끝나면
동네 사람들이 모여
풍물놀이(농악)를 하며 잔치를 했지요.

모내기 논에서 하는 풍물놀이

풍물놀이는 꽹과리, 징, 장구, 북, 소고 같은 타악기가 중심이며, 여기에 태평소와 나발이 더해져 흥겨운 가락을 이루어요. 풍년을 기원하는 거예요.

일노래, 막걸리, 품앗이, 풍물놀이는 모두 우리나라의
문화랍니다. 또 밥 먹고 나서 마시는 숭늉, 밥 먹을 때 쓰는
숟가락과 젓가락도 모두 벼농사나 쌀밥과 관련된 문화예요.

> ### 왕도 농사를 지었다고요?
> 우리나라는 예부터 '밥이 하늘이다', '농자천하지대본(農者天下之大本)'이라 하여 농사일을 이 세상에서 가장 중요하게 여겼어요. 고려 시대에도 조선 시대에도 왕이 농사를 지었답니다. 고려 때는 왕이 직접 일구는 '직전'이란 땅이 따로 있었고, 조선 시대에는 농사가 잘되길 바라는 제사를 지낸 뒤에 왕이 밭을 가는 시범을 보였지요. 이렇게 왕이 직접 백성들에게 모범을 보였어요.
> 또 농사에 도움이 될 여러 제도도 만들었어요. 바쁜 농사철에 소를 빌려 주는 제도를 만들기도 하고, 농사에 도움이 되는 책을 펴내기도 했어요. 벼농사의 핵심인 물 관리, 즉 치수(治水)에도 힘을 쏟았어요.
> 조선 시대 후기에는 쌀을 세금으로 거두어들였어요. 쌀이 돈(화폐)의 기능을 한 거예요. 오늘날에도 쌀값은 물가의 중요한 기준이 되지요.

정화수와 쌀 소원을 빌 때면 깨끗한 물(정화수)과 쌀 한 그릇을 놓고 기도를 했어요.

숟가락과 젓가락
밥과 국물이 있는 것은 숟가락으로 먹고, 다른 찬은 젓가락으로 먹어요. 숟가락과 젓가락은 한꺼번에 들고 사용하지 않아요. 젓가락을 사용할 때에는 숟가락을 상 위에 놓지요.

● **쌀로 만든 명절 음식**

특별한 날엔 특별한 밥이나 쌀로 만든 음식을 먹어요. 설날에는 **떡국**을 끓여 먹고,
대보름에는 **오곡밥**을 지어 나누어 먹지요. 삼짇날에는 찹쌀가루로 부친 진달래 **꽃전**을 먹고,
단오엔 취나물을 넣은 **수리취떡**을 쪄 먹어요. 칠석에는 **시루떡**으로 칠석제를 지내지요.
추석에는 햅쌀밥을 지어 먹고, **송편**을 빚어 먹어요. 동짓날에는 찹쌀로 만든 새알심을 넣어서
팥죽을 쑤어 먹지요.

떡국 한 그릇을 먹어야 한 살 먹는다는 뜻을 가지고 있어요. 1월 1일 새해를 맞이하면서 좋은 일이 찾아오길 기원하며 먹지요.

진달래 꽃전 꽃전을 부쳐 먹으며 꽃놀이를 하는 풍속이 있어요. 삼짇날은 음력 3월 3일로, 이맘때에 진달래꽃이 피기 시작해요.

송편 음력 8월 추석에 햇곡식으로 빚어서 차례 상에 올리지요. 송편은 풍년을 기원하는 음식으로 알려져 있어요.

팥죽 병이나 나쁜 일이 생기지 않길 바라면서 12월 동짓날에 먹어요. 팥죽을 먹기 전에 잡귀신을 쫓으려고 집안 곳곳에 고수레를 하기도 해요.

엄마가 아이를 낳으면 '첫국밥'을 먹어요.
첫국밥은 흰쌀밥과 미역국이지요.
특별한 날이 아니어도 늘 쌀로 만든 음식을 먹어요.
갖은 나물을 넣어 비벼 먹는 비빔밥, 김을 싸서 먹는 김밥,
시루떡과 같은 떡, 한과와 같은 과자, 식혜와 같은 음료,
고추장과 같은 장이나 조청 같은 양념도 쌀로 만들어요.

첫국밥을 먹는 엄마

● **볏짚의 쓰임새**

벼를 털고 나서 나오는 짚은 쓰임새가 무궁무진해요.
이엉을 만들어 초가지붕을 얹었고, 볏짚을 꼬아 새끼줄을 만들었어요.
아기를 낳았을 때에는 새끼줄을 왼쪽으로 꼰 금줄을
문 앞에 걸어 놓아 잡귀를 막으려 했답니다.
새끼줄로 여러 물건도 만들었어요.
멍석, 소쿠리, 바구니, 망태, 가마니, 삼태기,
그리고 씨앗을 담아 두는 씨오쟁이도 만들었고,
또 짚신, 설피, 도롱이, 똬리 같은 생활용품도 만들었어요.
짚은 소에게 먹이는 여물로도 요긴해요.
메주와 청국장을 띄울 때도 짚을 쓰지요.
짚은 불이 잘 붙어서 불쏘시개로도 쓰고,
논에 거름으로도 써요.
나락을 찧어 나오는 겉껍질인 왕겨도 버리지 않아요.
퇴비를 만드는 데 쓰고, 흰쌀을 깎을 때 나오는 쌀겨 또한
가축의 먹이로 쓴답니다.

멍석 짚으로 꼰 새끼줄로 엮은 넓은 깔개예요. 곡식을 널어서 말릴 때 주로 썼어요.

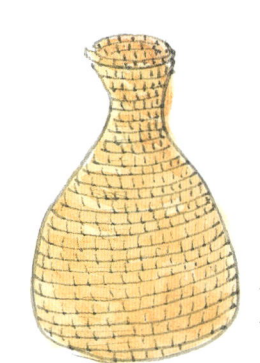

씨오쟁이 씨앗을 담아 두는 그릇이에요.

왕겨를 섞어 만든 거름
쌀겨에 영양분이 많아서 땅을 기름지게 하는 거름이 되어요.

삼태기 흙이나 거름을 담아 나를 때 써요.

볏짚으로 매단 메주

금줄 나쁜 것들을 막으려고 매는 새끼줄이에요. 아이를 낳은 집의 대문에 걸기도 하고, 항아리에 새로 담근 장을 넣고 나서 걸기도 하지요.

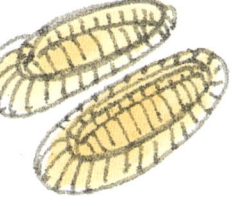

짚신 짚으로 신도 지어 신었어요. 일주일에서 보름 정도 신었지요.

설피 눈밭에서 신는 신발이에요. 신 바닥에 널찍한 설피를 덧신으면 눈에 빠지지 않아요.

도롱이 비 올 때 허리나 어깨에 걸쳐 두르는 비옷이에요.

속담 속에 녹아든 밥·쌀·벼

밥·쌀·벼는 우리 문화 구석구석에 많이 녹아 있어요. 우리말만 보아도 알 수 있어요. 높임말이 발달한 우리나라는 '밥'을 높여 '진지'라고 하고, 임금께 올리는 밥은 '수라'라고 해요. 또, 제사 지낼 때 올리는 밥은 '메'라고 하지요.

밥이 지어진 상태에 따라 부르는 이름도 아주 많아요.

고두밥은 물이 아주 적어서 되게 지어 꼬들꼬들한 밥, 된밥은 물기가 적은 밥, 죽밥은 죽처럼 아주 질게 지은 밥, 진밥은 물기가 많은 밥, 선밥은 충분히 익지 않아 설익은 밥, 누룽밥은 솥 바닥에 눌어붙은 누룽지에 물을 부어 불린 밥이에요. 참, 삼층밥이라고 들어 봤지요? 삼층밥은 중간은 밥이 되었으나 맨 위는 덜 익고 맨 밑은 까맣게 탄 밥을 이르는 말이에요. 밥 짓는 솜씨가 없거나 산에서 밥을 지으면 삼층밥이 되기 십상이지요.

그럼, 밥·쌀·벼가 나오는 재미있는 속담과 뜻을 한번 볼까요?

- **밥 먹듯 하다** — 자주 하다.
- **밥 아니 먹어도 배부르다** — 기쁜 일이 생겨서 마음이 매우 흡족하다.
- **밥 위에 떡** — 좋은 일에 더욱 좋은 일이 겹쳤다.
- **밥 한 알이 귀신 열을 쫓는다** — 귀신이 붙은 듯이 몸이 쇠약해졌을 때라도 충분히 먹고 제 몸을 돌보는 것이 건강을 회복하는 가장 빠른 길이다.
- **밥이 약보다 낫다** — 병에는 약이 좋지만 밥은 그보다 더 좋다. 건강에는 밥을 잘 먹는 것이 우선이자 기본이라 이르는 말이다.
- **밥이 얼굴에 더덕더덕 붙었다** — 얼굴이 복이 있게 생겨서 잘살 수 있을 것이다.
- **거지도 부지런하면 더운밥을 얻어먹는다** — 잘살려면 부지런해야 한다.
- **밥이 보약이다** — 어떤 음식보다 꼭 먹어야 하는 것이 밥이다.
- **밥알이 곤두선다** — 화가 치민다.
- **밥값도 못 한다** — 제몫을 못 한다.
- **밥술 뜨기도 어렵다** — 가난한 집이다.
- **고추장이 밥보다 많다** — 곁에 딸린 것이 주된 것보다 더 많다.
- **쌀은 쏟고 주워도, 말은 하고 못 줍는다** — 함부로 말하면 화를 입을 수도 있다.
- **쌀독에서 인심 난다** — 자신이 넉넉해야 다른 사람도 도울 수 있다.
- **밥 빌어다가 죽 쑤어 먹을 놈** — 게으른 데다가 지혜마저 없는 어리석은 사람이다.
- **벼 이삭은 익을수록 고개를 숙인다** — 교양이 있고 수양을 쌓은 사람일수록 겸손하고 남 앞에서 자기를 내세우려 하지 않는다.

쌀밥 먹는 게 소원이던 어제, 쌀이 남아도는 오늘

이 시의 제목은 <쌀밥>입니다.
초등학교 2학년 학생이 썼어요. 같이 읽어 볼까요?

쌀밥이 먹구 싶다

쌀밥을 먹을라 해도 쌀이 없다

지사(제사)가 오면 쌀밥을 먹을까

생일이 오면 먹을까 쌀밥이 자꾸 먹고 싶다

— 1969년 12월 23일, 안동대곡분교 2학년 정창교 (이오덕이 엮고, 보리출판사가 펴낸 '일하는 아이들' 중에서)

쌀밥 먹는 게 어려웠다는 걸 알 수 있지요?
지금으로부터 고작 40여 년 전의 일이에요.
날마다 맛난 밥을 먹을 수 있다는 건 참 고마운 일이랍니다.

지금도 하루 세 끼를 다 못 먹는 사람이 많아요.
어떤 나라에서는 거의 모든 사람들이 굶기도 해요.
밥은 목숨을 이어가기 위해 꼭 지켜야 하는 생명줄이에요.
먹을 것이 없어 굶는 것은 무척 고통스러워요.
오래 굶으면 몸을 움직이기도 힘겨워지지요.
오늘날에도 여전히 굶주리는 이웃이 있다는 것은 가슴 아픈 일이에요.

세계적으로 식량 생산은 늘어나고 있어요.
그런데 이상한 것은 지금도 세계인의 절반가량이 굶주린다는 사실이에요.
어떤 사람들은 살이 찌고 비만으로 병이 생겨서 걱정을 하는데,
어떤 사람들은 굶주리고 영양실조로 몸이 허약해져서
심지어 죽기도 한다니 정말 이상해요.

왜 굶는 사람이 많을까요?
여러 가지 이유가 있지만 그 가운데 하나는
식량이 고르게 나누어지지 않기 때문이에요.
특히 전쟁이 일어나는 지역도 식량이 제대로 공급되기가 어려워서
굶주리는 사람이 많답니다.

우리나라도 예전보다 식량이 넉넉해졌어요.
생산량도 늘었고, 수입도 하고 있지요.
하지만 굶주리는 이웃은 여전히 있답니다.
식량의 생산량을 늘리는 것이 식량 문제를 해결하는 첫걸음이지만,
식량 생산이 아무리 늘어도 배고픈 이웃이 있다면
식량 문제가 해결된 것이 아니에요.

돈으로 따질 수 없이 중요한 것은 생명을 지키는 거예요.
나의 목숨뿐만 아니라 함께 살아가고 있는 모든 사람의 생명을 지키려면
식량을 골고루 나누어야 해요.
모든 사람이 둥근 밥상에서 골고루 맛있는 음식을 나누어 먹을 때
그 자리에서 평화가 시작될 거예요.

미래를 지키는 식량, 벼

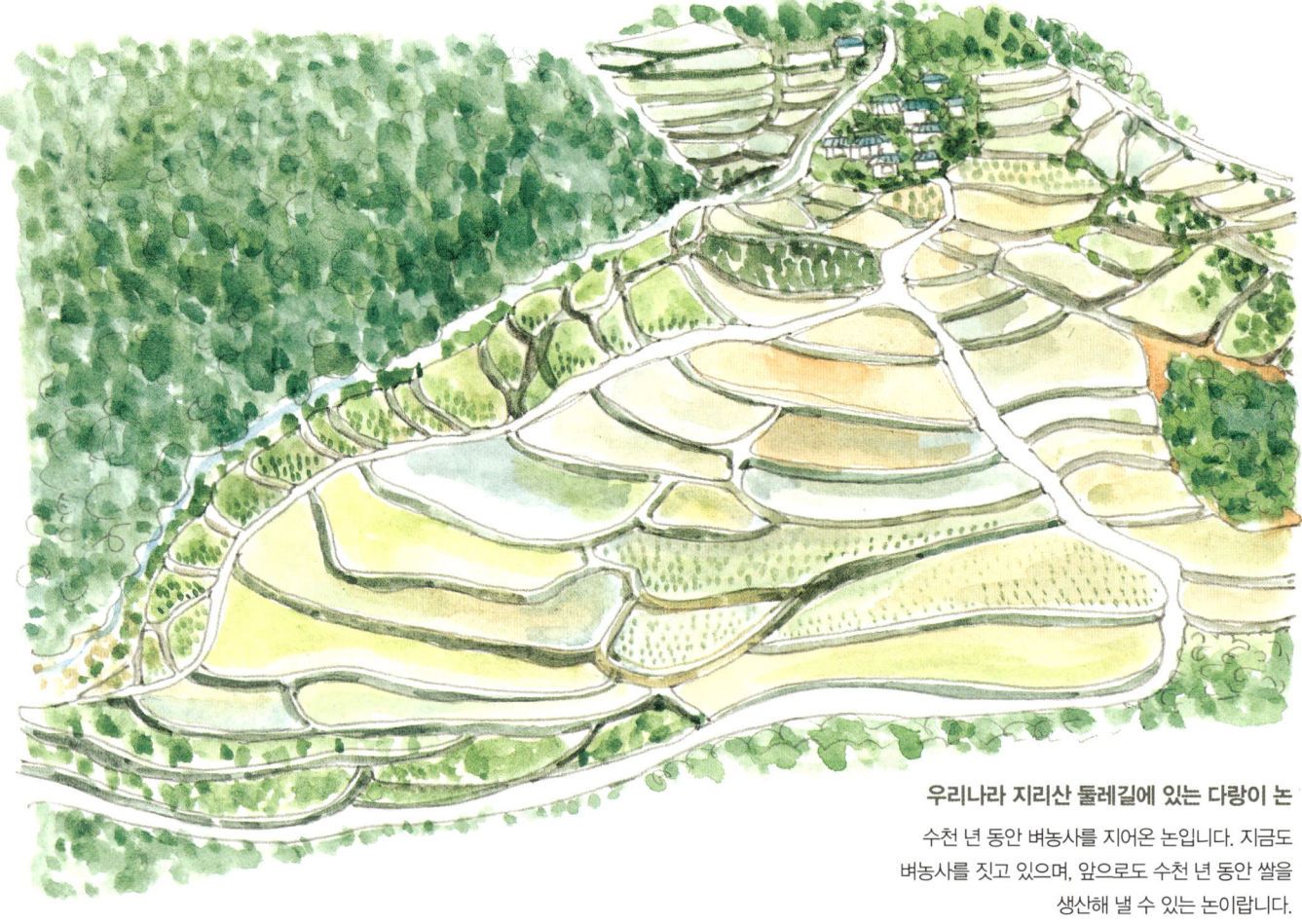

우리나라 지리산 둘레길에 있는 다랑이 논
수천 년 동안 벼농사를 지어온 논입니다. 지금도 벼농사를 짓고 있으며, 앞으로도 수천 년 동안 쌀을 생산해 낼 수 있는 논이랍니다.

이제 벼 이야기를 마칠 때가 되었어요.
벼 이야기를 쓰다가 아주 새롭고 기쁜 정보를 알게 되었어요.
그게 뭐냐면, 벼가 우리의 미래를 지켜 줄 식량이라는 사실이에요!

● **수천 년을 이어 가는 벼농사**

다른 농작물은 대개 '이어짓기(연작)'를 하지 않아요. 이어짓기는 같은 땅에서 같은 작물을 해마다 짓는 것인데, 이어짓기를 하면 땅의 영양소가 부족해지고 병균이 생기기 쉬워요.
그런데 논에서는 이어짓기를 해요. 일 년에 적어도 5~6개월 계속 담고 있는 논의 물이 땅의 영양을 지키고 병균은 막아 주어 이어짓기의 피해가 없기 때문이지요. 수천 년 간 벼농사를 지어온 논에서 지금도 벼농사를 짓고 있고, 또 앞으로도 수천 년 간 쌀을 생산할 수 있어요.
참 고맙고 놀라운 일이에요.

● **벼를 지키려면 논부터 지켜야 해요**

대신 논에 물을 대지 않고 벼농사를 멈추면, 다시 전과 같이 복원하는 데 수년이 걸려요.

지금처럼 농부들이 논에서 꾸준히 농사를 지으며 땅을 살린다면 앞으로도 계속 벼를 기를 수 있어요.
논을 건강하게 지키는 것도 중요해요. 건강한 논에서 자란 벼가 건강한 사람을 만든답니다.
그래서 농약을 치지 않거나 적게 뿌려서 농사를 짓는 농부도 많아요.
농약 없이 어떻게 병과 해충을 없애느냐고요?
화학 비료가 아니라 자연에서 만든 거름을 뿌리면 농작물이 병을 이기는 힘이 세집니다.
또 농약을 뿌리지 않으면 논에도 건강한 생태계가 유지되기 때문에
해충이 없어집니다. 벼를 먹고 자라는 벌레도 있지만 그 벌레를 잡아먹는
벌레(천적)도 살게 되거든요. 대표적인 벼 해충인 멸구는 거미, 잠자리,
소금쟁이가 잡아먹어요. 또 집게벌, 총채벌, 부채벌레도
벼멸구의 천적이라고 합니다. 이런 다양한 벌레들이 살면
농약 없이도 해충을 막을 수 있어요.

● **풍성한 생산량과 쌀의 영양**

알알이 여물면 고개를 숙이는 벼 이삭을 보았지요? 벼는 좁은 땅에서도 많이 거둘 수 있어요.
약 80~100배가 생산된다고 해요. 이렇게 거둔 쌀에는 탄수화물, 단백질, 그리고 여러 가지 비타민과
인, 마그네슘, 지방, 철, 칼슘 등 몸에 좋은 무기질이 들어 있어요. 이렇게 다양한 쌀의 영양가는 대부분
쌀겨와 쌀눈에 있어요. 쌀눈에 66퍼센트, 쌀겨에 29퍼센트의 영양가가 들어 있어서,
쌀눈과 쌀겨를 생명의 에너지라고도 하지요. 쌀눈이 있는 현미는 물에 담그면 싹이 나오지만
쌀눈을 깎아 낸 백미는 물에 담가 두면 썩어 버린답니다. 쌀눈과 쌀겨가 있는 현미밥 한 그릇의 영양은
흰쌀밥 19그릇과 같아요. 예전에는 흰쌀을 많이 먹었는데, 요즘은 현미가 영양이 높고 건강에 좋아
먹는 사람이 늘고 있어요.

● **곡물 자급률을 높여요**

우리나라 쌀 자급률은 약 90퍼센트쯤이에요. 하지만 다른 곡물까지 합한 '곡물 자급률'은 30퍼센트가
채 안됩니다. 우리나라에서 기른 농작물로는 우리나라 사람들이 다 먹고 살 수 없다는 뜻이에요.
선진국들의 곡물 자급률은 120~150퍼센트인데, 우리나라는 무척 낮아요.
먹을거리 문제는 가장 먼저 해결되어야 하는 중요한 일이에요. 농사짓는 환경을 건강하게 지키고,
품종을 다양하게 개발하고, 재배 기술을 점점 발전시킨다면 자급률을 높일 수 있어요.

우리나라의 주식인 쌀에는 영양이 고르게 들어 있어요. 논농사는 이어짓기를 할 수 있고,
벼는 약 100배에 이르는 생산량을 가지고 있지요. 이러한 여러 가지 장점이 있기 때문에
벼는 우리를 든든하게 지켜 줄 미래의 식량이 될 수 있어요.
그래서 우리는 벼와 논을 꼭 지켜야 한답니다.

2

도감

볏과 식물

볏과 식물의 특징

벼는 '볏과 식물' 가운데 하나예요.
볏과는 '벼과' 또는 '화본과'라고도 해요.
잘 알고 있는 밀, 보리, 옥수수가 다 볏과 식물이에요.
또 길가에 자라는 여러 가지 풀 중에서도 볏과 식물이 참 많아요.
이름은 낯설어도 아주 흔하게 자라고 있기 때문에
한번쯤 보았을 만한 풀들이 많아요.
볏과 식물은 모두 같은 특징을 지니고 있어요.
꽃은 풀색이고 작아서 잘 눈에 띄지 않고,
작은 알갱이를 열매로 맺지요.
잎집은 줄기를 둘러싸며,
잎은 길쭉하고 잎맥은 나란히맥이에요.
줄기에는 마디가 있고 줄기 속은 비어 있답니다.
또 수염처럼 가는 뿌리가 많이 뻗어요.

어떤 곡식과 풀들이 볏과 식물일까요?
하나씩 하나씩 만나 봅시다.

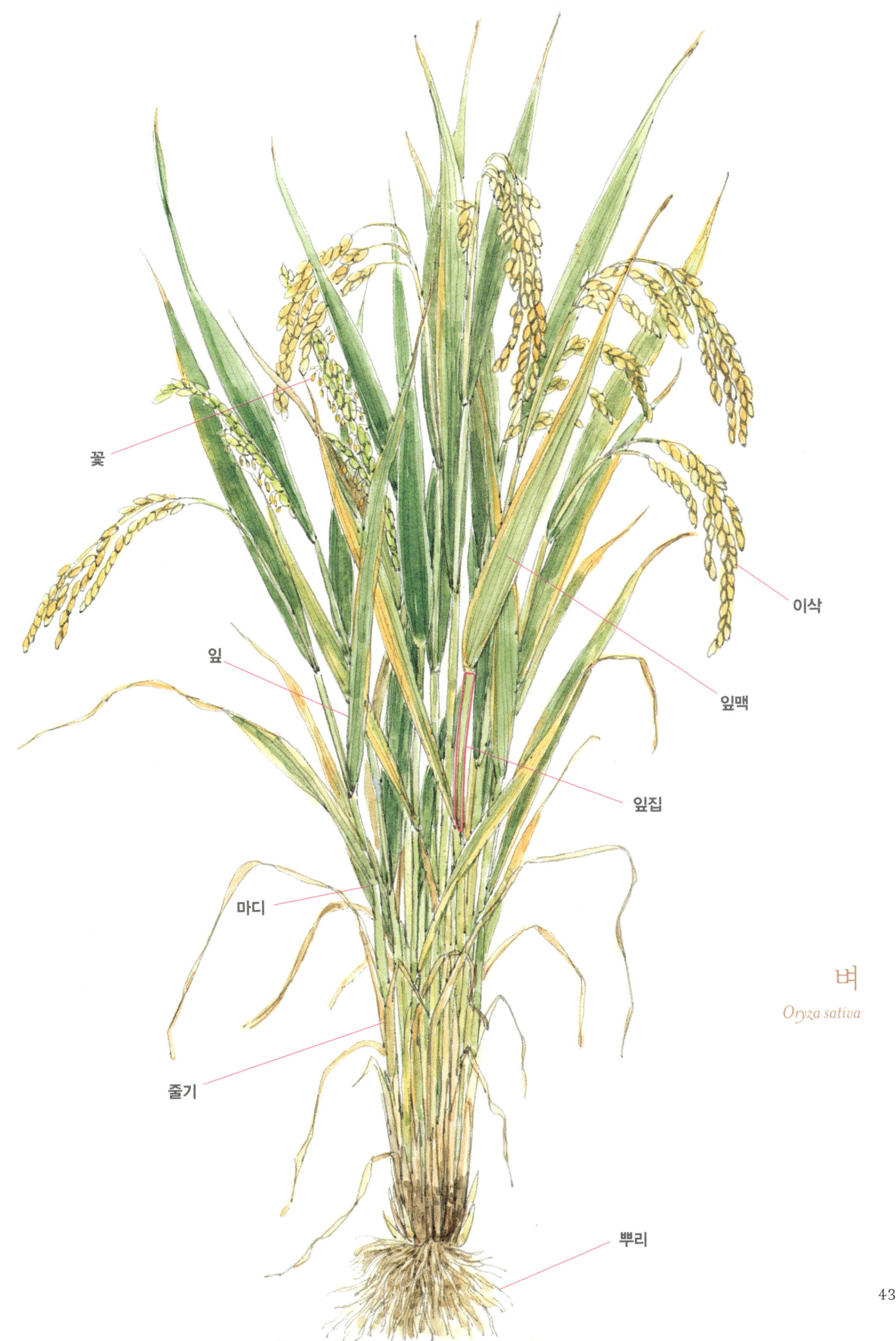

◦ 볏과 곡식 ◦

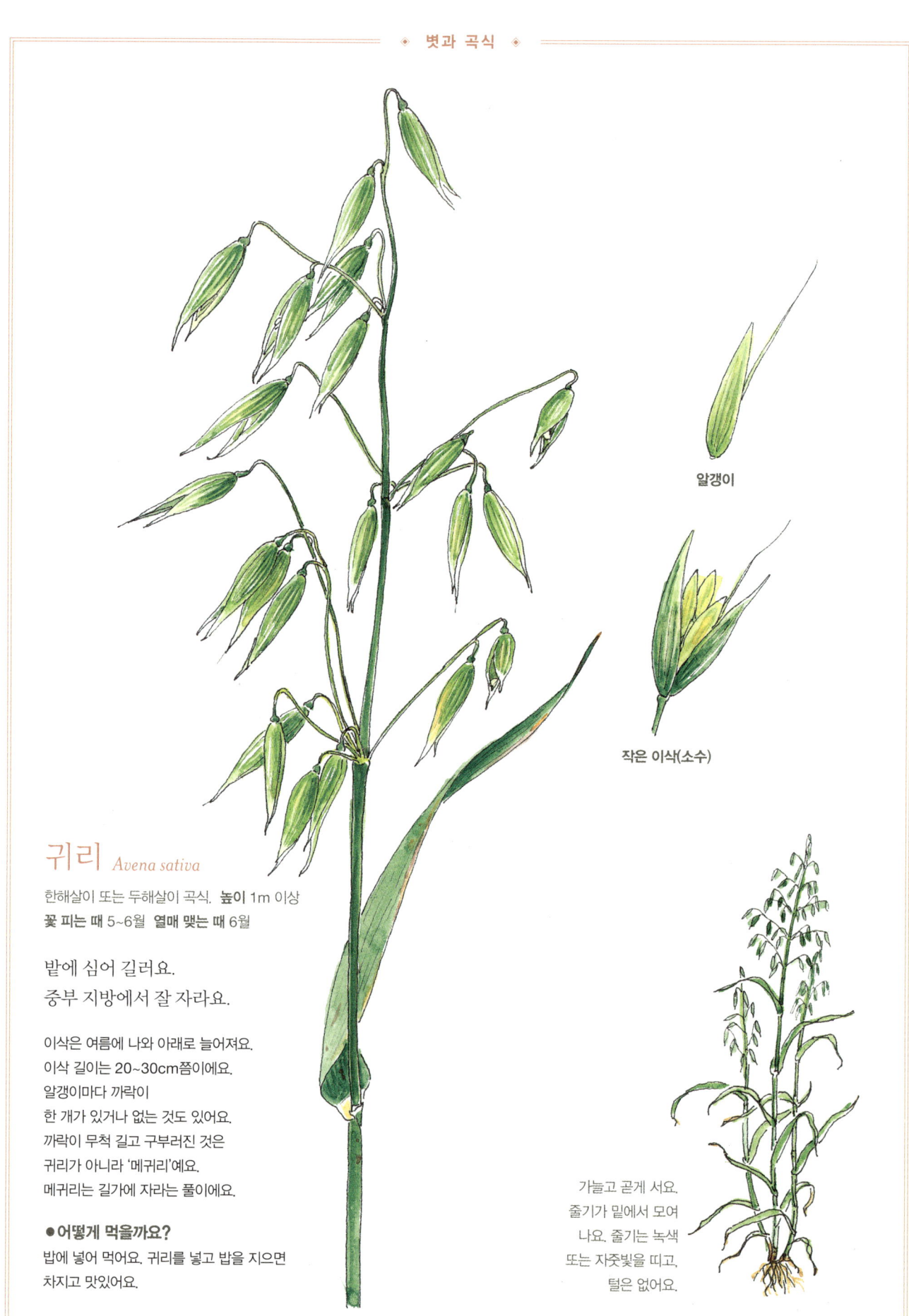

알갱이

작은 이삭(소수)

귀리 *Avena sativa*

한해살이 또는 두해살이 곡식. **높이** 1m 이상
꽃 피는 때 5~6월 **열매 맺는 때** 6월

밭에 심어 길러요.
중부 지방에서 잘 자라요.

이삭은 여름에 나와 아래로 늘어져요.
이삭 길이는 20~30cm쯤이에요.
알갱이마다 까락이
한 개가 있거나 없는 것도 있어요.
까락이 무척 길고 구부러진 것은
귀리가 아니라 '메귀리'예요.
메귀리는 길가에 자라는 풀이에요.

● **어떻게 먹을까요?**
밥에 넣어 먹어요. 귀리를 넣고 밥을 지으면
차지고 맛있어요.

가늘고 곧게 서요.
줄기가 밑에서 모여
나요. 줄기는 녹색
또는 자줏빛을 띠고,
털은 없어요.

◈ 볏과 곡식 ◈

알갱이

기장 *Panicum miliaceum*

한해살이 곡식. **높이** 50~120cm
꽃 피는 때 7~8월 **열매 맺는 때** 8~9월

전국 어디서나 길러요.
흔히 북부 지방에서 기르지요.

이삭은 줄기 끝, 때로는 잎겨드랑이에 달려요.
이삭의 길이가 15~40cm예요.
익으면 한쪽 옆으로 길게 처진답니다.
알갱이는 둥글납작하고, 노란색이에요.
잎에는 드문드문 털이 있어요.
잎집은 긴 털로 덮여 있지요.

● **어떻게 먹을까요?**

기장을 넣고 밥을 지으면, 색깔이 고운
노란색이고 맛은 고소해요.

곧게 자라는데,
때로는 밑부분이
옆으로 기다가 서기도
해요. 줄기의 마디가
굵어요.

◆ 볏과 곡식 ◆

밀 *Triticum aestivum*

두해살이 곡식. **높이** 1m
꽃 피는 때 이듬해 5월 **열매 맺는 때** 이듬해 6월

쌀과 함께 세계에서 가장 많이 먹는
곡식이에요. 우리나라 어디서나
기를 수 있어요. 늦가을에 씨를 뿌리면
어린잎으로 겨울을 나고,
다음 해 초여름에 이삭이 여물어요.

이삭은 보리와 비슷한데,
보리 이삭보다 가늘어요.
알갱이는 크기가 보리알보다 작아요.
품종이 여럿인데,
긴 까락이 있는 것과 없는 것이 있어요.
잎은 털이 없고 뒤로 처진답니다.

● **어떻게 먹을까요?**
밀을 빻아 가루를 내어 먹어요.
밀가루로 빵이나 국수를 만들어 먹지요.

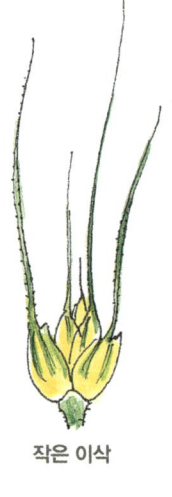

작은 이삭

줄기는 두세 대씩 모여 나지요.
길고 곧게 자라는데,
굵은 마디가 있고 매끄러워요.
마른 밀짚이나 보릿짚으로 만든
모자를 '밀짚모자'라고 해요.

◆ 볏과 곡식 ◆

보리 *Hordeum vulgare*

두해살이 곡식. **높이** 1m
꽃 피는 때 이듬해 4월 **열매 맺는 때** 이듬해 5월

우리나라 중부와 남부 지방에서 길러요.
가을에 씨를 뿌려서 이듬해 초여름에 거두어요.
어린싹으로 겨울을 날 때 뿌리가 들떠서
얼지 않게 발로 꼭꼭 밟아 다져 주어요.
이를 '보리밟기'라고 해요.

이삭은 밀과 비슷한데 밀보다 이삭이 굵어요.
알갱이가 줄지어 달린답니다.
품종에 따라 4~6개의 줄로 줄줄이 달리지요.
동그란 알갱이에는 빳빳하고 긴 털이 붙어 있어요.
잎은 흰빛이 도는 풀색이고, 만지면 깔깔하지요.
잎이 뒤로 젖혀지지 않아요.

● **어떻게 먹을까요?**
보리쌀로 밥을 지어 먹어요.
볶아서 보리차도 끓이고,
싹을 틔워서 엿기름도 만들어요.
엿기름을 만들면 단맛이 아주 많아져서
식혜나 엿을 만드는 데 쓰지요.

알갱이

줄기는 단단하고
곧게 자라요.
마디 사이가 길어요.
줄기로 '보리피리'를
만들 수 있어요.

◈ 볏과 곡식 ◈

수수 *Sorghum bicolor*

한해살이 곡식. 높이 2m
꽃 피는 때 7~8월 열매 맺는 때 9~10월

우리나라 어디서나 길러요.
봄에 씨를 뿌리고 가을에 거두지요.
물기 없는 땅에서 잘 자라요.
그래서 밭둑에 심어도 잘 자란답니다.

이삭은 줄기 끝에 풍성하게 달려요.
알갱이는 작고 동글동글해요.
가을에 익으면 붉은색을 띠어요.
잎은 아주 길고 끝이 아래로 처지지요.
옥수수 잎과 비슷한데 옥수수보다는 조금 좁아요.
잎이 처음에는 풀색이다가
점점 붉은 갈색으로 바뀌어요.

● **어떻게 먹을까요?**
밥에 넣어 먹거나 백일이나 첫돌에
떡을 해 먹어요.
고아서 엿을 만들기도 하고,
술을 담가 먹기도 하지요.

알갱이

키가 아주 커요. 줄기는
가볍고 폭신한 속살이
꽉 차 있지요. 다 자란
수수의 줄기 껍질을 벗기면
폭신폭신한 '수수깡'이
되어요. 이삭을 통째로
엮어 빗자루를 만들고,
수수깡으로는 장난감을
만들어요.

• 볏과 곡식 •

옥수수 *Zea mays*

한해살이 곡식. 높이 1~3m
꽃 피는 때 7월 **열매 맺는 때** 8월

벼와 밀처럼 세계 사람들이 아주 많이 먹는 곡식이에요. 우리나라 어디서나 심어 길러요. 봄에 씨를 뿌리면 한여름에 옥수수가 여물어요.

줄기 끝에 달리는 것은 수꽃이에요. 암꽃은 잎겨드랑이에서 나와요. 암꽃이 핀 자리에 열매가 달리지요. 알갱이는 대개 누런색인데, 자줏빛이 도는 것도 있고 여러 가지 색이 섞여 있는 것도 있어요. 낟알 하나의 모양은 꼭 어금니와 닮았어요. 열매에는 긴 옥수수염이 달려 있는데, 익으면 붉은 밤색을 띠지요. 옥수수염은 암술이 남아 있는 거예요. 잎이 아주 길어서 잎 한 장 길이가 1m에 달하고, 뒤로 젖혀지면서 출렁출렁 물결처럼 아래로 처지지요.

● **어떻게 먹을까요?**
옥수수가 단단하게 익으면 쪄서 먹어요. 옥수수를 말려서 밥이나 죽을 해 먹기도 하고, 씨눈으로는 기름을 짜요. 옥수수수염은 차를 끓여 먹기도 해요.

알갱이

무척 곧고 크게 자라요. 땅 가까운 줄기 마디에서 굵은 곁뿌리(버팀뿌리)가 나와 큰 키를 지탱하지요. 곁뿌리는 땅속으로 들어가 가는 뿌리를 뻗어요.

• 볏과 곡식 •

율무
Coix lacrymajobi var. mayuen

한해살이 곡식. 높이 1~1.5m
꽃 피는 때 7월 **열매 맺는 때** 9~11월

우리나라 어디서나 심어 길러요.
'염주'와 비슷한데,
열매를 보면 구분할 수 있어요.
염주 열매는 동그랗고,
율무 열매는 달걀 모양이지요.

줄기 위쪽의 잎겨드랑이마다 이삭이 나와서
한 포기에 이삭이 여럿 달려요.
알갱이가 아주 단단해요. 둥근 달걀 모양이고 주름이
있어요. 처음엔 풀색이다가 점점 익으면서
검은 밤색으로 바뀌어요.
잎 가장자리는 까실까실 거칠어요.

● **어떻게 먹을까요?**
밥에 넣어 먹거나 죽을 끓여서 먹어요.
맛이 무척 고소해요.
가루를 내어 차로 마시기도 해요.

알갱이

줄기는 곧게 자라는데,
윗부분에서 여러 대가
갈라지며 자라요.

• 볏과 곡식 •

조 *Setaria italica*

한해살이 곡식. 높이 1~1.5m
꽃 피는 때 7~8월 **열매 맺는 때** 9~10월

커다란 강아지풀처럼 생겼어요.
봄에 씨를 뿌려 가을에 거두어요.
우리나라 어디서나 심어 길러요.
특히 거칠고 메마른 땅에서도 잘 자라서
산간 지방에서 많이 키워요.

이삭이 줄기 끝에 길게 망울망울 달려요.
익을수록 무거워져서 한쪽으로 굽어요.
알갱이의 겉껍질을 벗기면
노란 좁쌀이 나와요.
동그랗고 아주 잘아요.
곡식 중에 가장 작지요.
잎 가장자리에 잔 톱니가 있어요.

● **어떻게 먹을까요?**
좁쌀로 밥을 지어 먹거나
술을 빚어 먹어요.

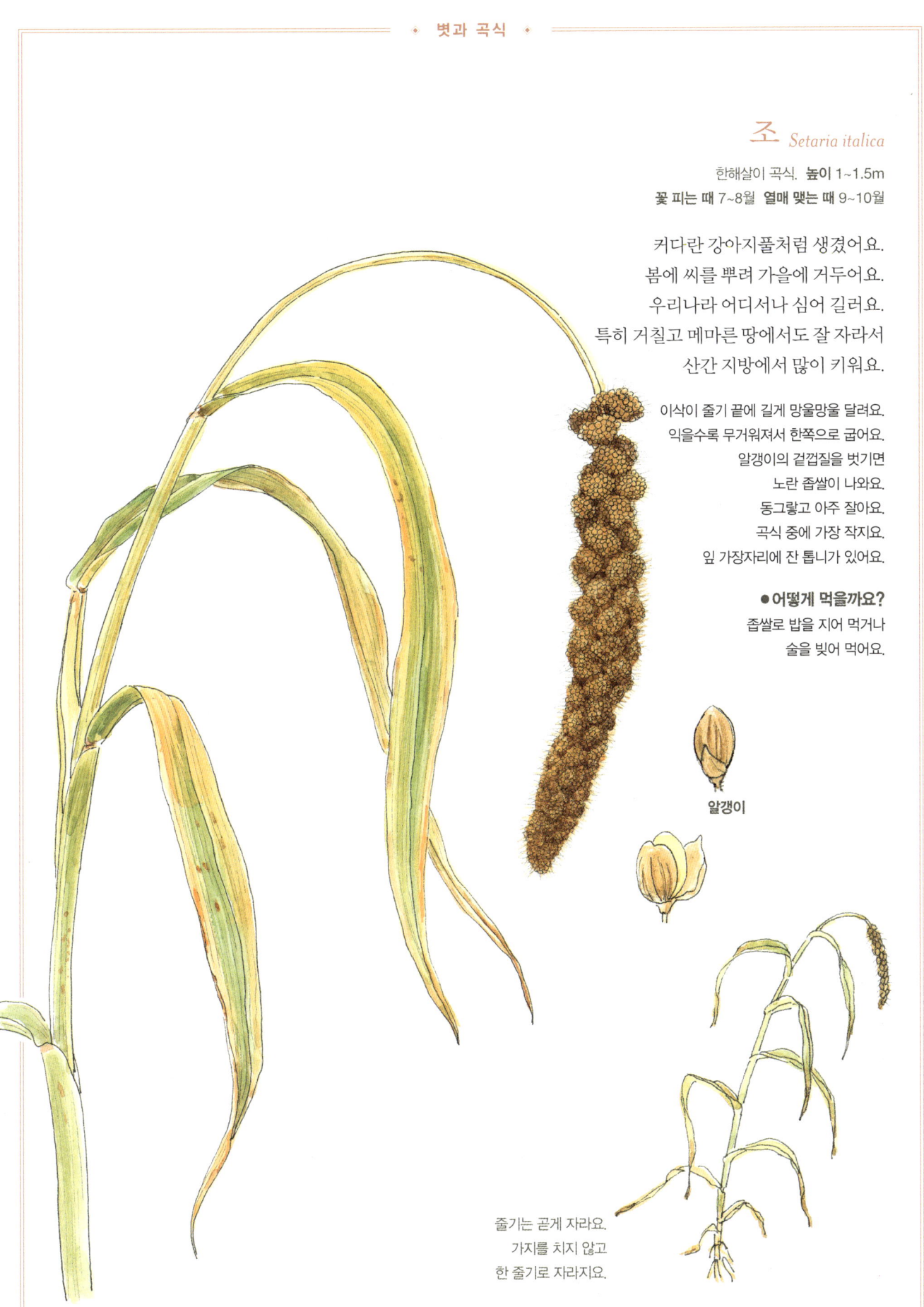

알갱이

줄기는 곧게 자라요.
가지를 치지 않고
한 줄기로 자라지요.

◈ 볏과 풀 ◈

강아지풀
Setaria viridis var. viridis

한해살이풀. **높이** 30~70cm
꽃 피는 때 7~8월 **열매 맺는 때** 8월

이삭이 강아지 꼬리를 닮았다고
강아지풀이라는 이름이 붙었어요.
우리나라 들이나 길가 어디서나
잘 자라지요. 옛날에는 이삭을 털어서
밥을 지어 먹거나
죽을 쑤어 먹기도 했어요.

이삭은 줄기 끝에 달리고 길이가 2~5cm쯤이에요.
알갱이는 길쭉하면서 동글동글해요.
알갱이마다 까락이 있어요.
잎 가장자리에는 잔털이 있고 만지면 까슬까슬하지요.
줄기는 가늘고 곧게 자라고
포기를 이루며 자라요.
줄기는 풀색이거나 자줏빛을 띠기도 해요.

알갱이

◈ 볏과 풀 ◈

그령
Eragrostis ferruginea

여러해살이풀. 높이 30~80cm
꽃 피는 때 8~9월 열매 맺는 때 9~11월

우리나라 어디서나 볼 수 있어요.
햇빛이 잘 드는 곳에 많아요.
사람이 다니는 길가에서도 잘 자라지요.
옛날에는 질긴 잎으로
새끼줄을 만들어 쓰기도
했어요.

이삭은 길이가 20~40cm쯤이고,
성글게 달려서 바람이 불면
살랑살랑 움직여요.
익으면 붉은빛이 도는 밤색이 되지요.
작은 이삭은 길이 1mm 정도로
아주 작고 가벼워서,
다 익고 나면 바람에 날려 퍼진답니다.
잎이 가늘고 긴데, 무척 질겨요.
여러 줄기가 모여 나서
큰 포기를 이루며 자라요.

작은 이삭

돌피

Echinochloa crusgalli var. crusgalli

한해살이풀. **높이** 80~100cm
꽃 피는 때 7~8월 **열매 맺는 때** 9~11월

우리나라 어디에나 많아요.
특히 물기가 많은 곳에서 잘 자라서
논과 밭에 잡초로 많이 나지요.
농부들은 모내기를 하고 나면 피사리를 해요.
다 자라면 벼보다 키가 더 크답니다.
마른 땅에서 자라는 것은 키가 크지 않아요.

이삭은 크게 보면 고깔 모양으로 달려요.
알갱이는 달걀 모양이고, 길이는 3mm 정도랍니다.
다 익으면 붉은 밤색이에요.
잎에 털은 없고, 만지면 까슬까슬해요.
가운데 잎맥이 희게 보여요.
줄기는 가늘고 매끈해요.

◆ 볏과 풀 ◆

알갱이

뚝새풀
Alopecurus aequalis

한해살이풀 또는 두해살이풀. **높이** 30cm
꽃 피는 때 4~6월 **열매 맺는 때** 6월

논에 흔하게 자라는 작은 풀이에요.
물기가 많은 땅을 좋아해서
모내기하기 전에 논에 아주 많이 자라요.
우리나라 어디서나 흔한데
마른 땅에서는 잘 자라지 못해요.

이삭은 작은 방망이 같이 생겼고 길이가 3~8cm예요.
이삭이 귤빛으로 보일 때는 꽃이 핀 거예요.
꽃밥의 색깔이 처음에는 연한 풀색이다가
차차 귤색에서 갈색으로 바뀌지요.
알갱이의 길이는 1mm쯤이에요.
잎은 털이 없고 가장자리가 밋밋해요.
잎과 줄기는 흰빛이 도는 풀색이에요.
줄기의 마디가 또렷하게 보여요.
밑에서 여러 줄기가 뭉쳐 나오는데
털이 없고 매끈해요.

◈ 벼과 풀 ◈

띠 *Imperata cylindrica var. koenigii*

여러해살이풀. **높이** 30~80cm
꽃 피는 때 5월 **열매 맺는 때** 6~7월

낮은 산이나 양지바른 길가에서 흔히 자라요.
꽃이 피기 전의 어린 이삭을 '삘기'라고 하는데,
먹을 수 있어요.
삘기를 뽑아서 껌처럼 씹으면
달짝지근한 맛이 나요.

봄에 잎보다 먼저 꽃대가 나와요.
길이가 10~20cm이고 긴 방망이 모양이에요.
다 여물면 부드럽고 가느다란 흰 털로
이삭 전체가 덮여요.
알갱이는 아주 작고, 까락은 없어요.
잎은 줄기 아래쪽에서 모여 나요.
끝이 뾰족하고, 가장자리는 까슬까슬해요.
줄기는 곧게 서서 자라요.
마디에 털이 있거나 없기도 해요.
뿌리줄기는 잔디처럼 땅속 깊숙이 뻗으며 자라요.
뿌리를 약으로 써요.

알갱이

◈ 볏과 풀 ◈

바랭이 *Digitaria ciliaris*

한해살이풀. **높이** 40~70cm
꽃 피는 때 7~8월 **열매 맺는 때** 9~10월

우리나라 어디서나 잘 자라요.
밭에 잡초로도 많이 나고,
사람이 다니는 길가에도 흔하지요.
줄기로는 쌀을 이는 조리를 만들기도 했어요.
우산살처럼 퍼진 이삭을 묶어서
놀잇감으로 작은 우산을 만들어 놀기도 해요.

줄기 끝에 우산살처럼 가는 이삭이 3~8개가 달려요.
연한 녹색이거나 자주색이에요.
작은 이삭은 길쭉한 모양이고,
이삭에 알갱이가 드문드문 달려요.
잎은 가늘고 털이 있는 것도 있고 없는 것도 있어요.
잎 가장자리는 두꺼우며 껄끄러워요.
줄기는 윗부분은 곧게 자라고, 밑부분은 땅위를 기면서
마디에서 뿌리가 나와요.

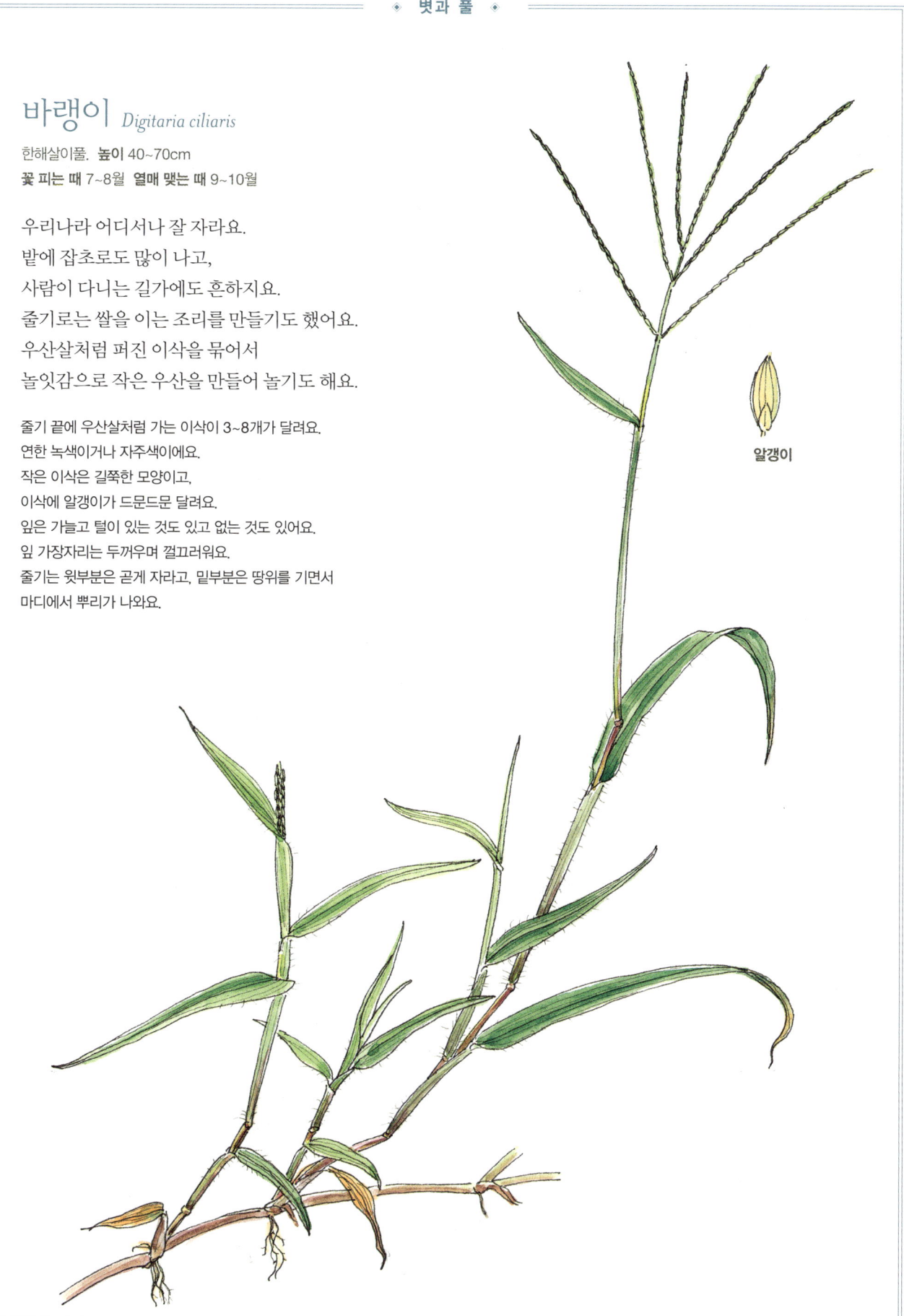

알갱이

• 볏과 풀 •

새포아풀 *Poa annua*

한해살이풀 또는 두해살이풀. 높이 10~25cm
꽃 피는 때 4~8월 **열매 맺는 때** 5~9월

우리나라 어디서나 자라는 키 작은 풀이에요.
양지바른 길가에 무척 흔해요.

이삭은 가지가 2개씩 달려서 수평으로 퍼져요.
전체로 보면 원뿔 모양인데, 길이가 3~8cm쯤이에요.
연한 녹색이나 붉은 자주색을 띠는데
다 익으면 누런색을 띠어요.
잎은 좁고, 양끝이 갑자기 둔해지는 모양이에요.
털은 없고 매끄러워요.
줄기는 아랫부분에서 갈라져 뭉쳐나며 포기를 이루어요.
밑부분이 마디에서 굽으며 자라요.

작은 이삭

◆ 볏과 풀 ◆

솔새

Themeda triandra var. japonica

여러해살이풀. 높이 70~100cm
꽃 피는 때 8월 열매 맺는 때 10월

뻣뻣한 그루터기를 통째로 잘라서
소의 등을 긁어 주는 솔로 썼어요.
그래서 솔새라는 이름이 붙었어요.
우리나라 들이나 산의 풀밭에서 잘 자라지요.
이삭의 모양이 독특해서 눈에 잘 띄어요.

줄기 위쪽의 잎겨드랑이마다 이삭이 나와요.
낟알에는 3.5~7cm쯤 되는 길고 검은 까락이 달려 있어요.
가을에 붉은 밤색으로 익어요. 잎은 좁고 길어요.
잎 가장자리는 뒤로 말리고 털이 많이 나 있어요.
뒷면은 흰색이 도는 풀색이며
밑부분에 긴 털이 있어요.
줄기는 뭉쳐나고 곧게 자라요.
뿌리 쪽에서 많은 잎이 모여 나요.

알갱이

볏과 풀

알갱이

억새

Miscanthus sinensis var. purpurascens

여러해살이풀. 높이 1~2m
꽃 피는 때 9월 열매 맺는 때 10~11월

산과 들에서 무리지어 자라는 모습을 흔히 볼 수 있어요. 억새와 비슷하게 생긴 갈대는 물가에서 자라고, 억새는 땅이 마르고 해가 잘 드는 곳에서 잘 자라요. 볏짚처럼 억새 줄기를 엮어 지붕을 이거나, 밧줄이나 발을 만들어 썼어요.

이삭은 털이 많이 달렸고 연한 자줏빛이에요. 줄기 끝에 가느다란 꽃이삭들이 여럿 달려 있어서 빗자루처럼 보여요. 하얀 털이 많아서 다 익으면 보송보송한 털 뭉치처럼 보여요. 잎 한가운데의 잎맥이 흰 띠처럼 보여요. 잎이 길어서 다 자란 잎은 1m쯤 되지요. 잎 가장자리의 톱니가 무척 날카로워서 만질 때 조심해야 해요. 줄기는 곧게 자라고 모여 나요. 굵은 뿌리줄기가 땅위를 뻗어나가면서 자라나요.

◈ 볏과 풀 ◈

잔디 *Zoysia japonica*

여러해살이풀. **높이** 15~20cm
꽃 피는 때 5~6월 **열매 맺는 때** 6월

양지바른 곳에서 잘 자라요.
모래땅에서도 잘 자라지요.
운동장, 마당, 무덤에 심어 기르기도 해요.

줄기 끝에 작고 가는 이삭이 달려요.
알갱이는 달걀 모양이고,
줄기에 다닥다닥 붙어 있어요.
알갱이는 누런색이었다가 다 익으면
짙은 자줏빛을 띠며 윤기가 나요.
잎은 편평하기도 하고
가장자리가 안으로 말리기도 해요.
줄기는 옆으로 길게 뻗으며 자라는 기는줄기예요.
땅에 붙어 자라면서
마디마다 줄기와 뿌리가 돋지요.

알갱이

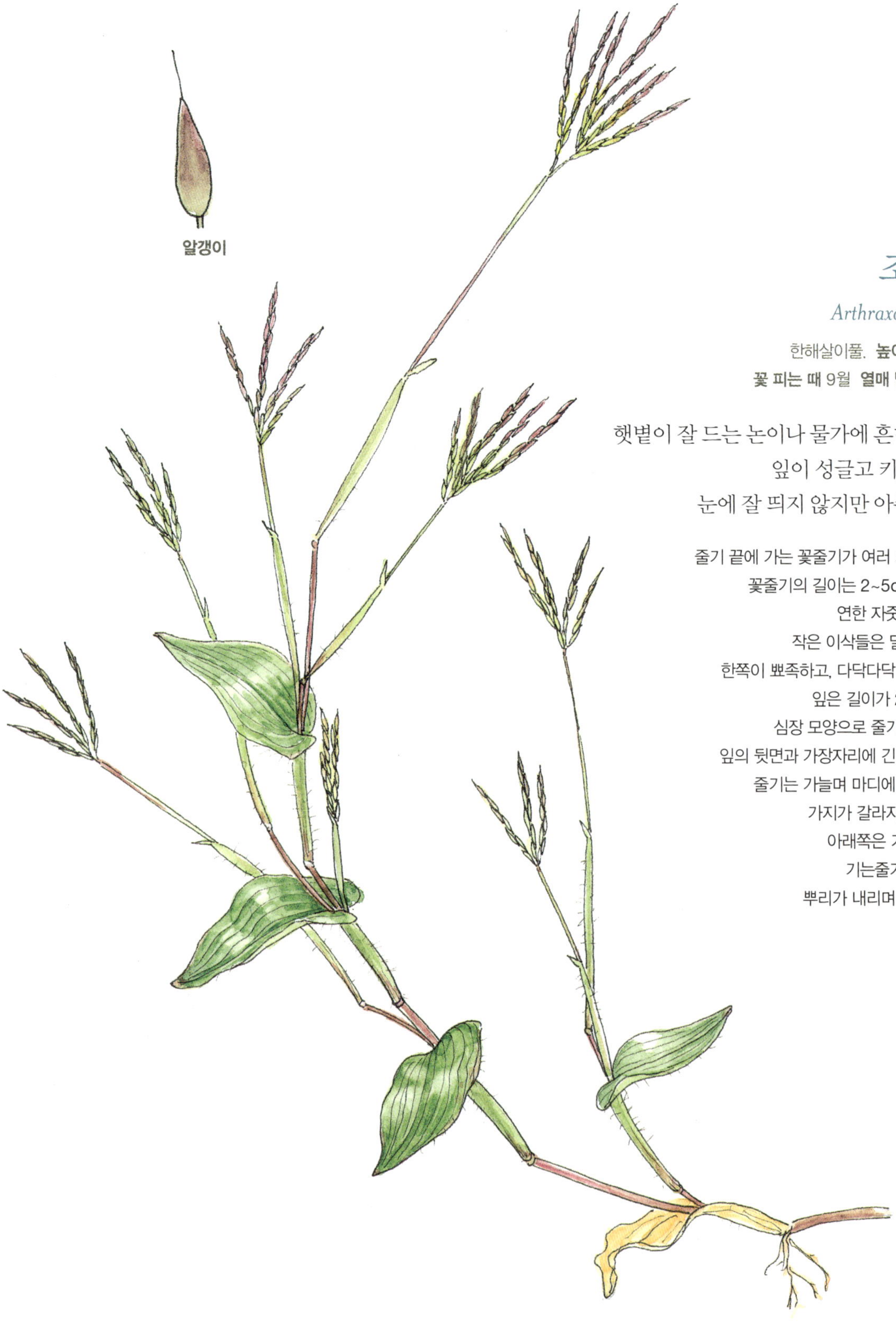

◆ 볏과 풀 ◆

알갱이

조개풀
Arthraxon hispidus

한해살이풀. **높이** 20~50cm
꽃 피는 때 9월 **열매 맺는 때** 10월

햇볕이 잘 드는 논이나 물가에 흔히 자라요.
잎이 성글고 키가 작아서
눈에 잘 띄지 않지만 아주 많지요.

줄기 끝에 가는 꽃줄기가 여러 개 모여 나요.
꽃줄기의 길이는 2~5cm 정도예요.
연한 자줏빛을 띠어요.
작은 이삭들은 달걀 모양인데
한쪽이 뾰족하고, 다닥다닥 붙어 있어요.
잎은 길이가 2~6cm이며,
심장 모양으로 줄기를 감싸지요.
잎의 뒷면과 가장자리에 긴 털이 있어요.
줄기는 가늘며 마디에 털이 있어요.
가지가 갈라지며 자라는데,
아래쪽은 기는줄기예요.
기는줄기의 마디마다
뿌리가 내리며 뻗어 나가요.

◈ 볏과 풀 ◈

향모 *Hierochloe odorata*

여러해살이풀. **높이** 20~50cm
꽃 피는 때 4~5월 **열매 맺는 때** 5월

풀에서 향기가 나서
향모라는 이름이 붙었어요.
양지바른 풀밭에서 잘 자라요.
볏과 식물 가운데 꽃이 가장 일찍 피어요.
해가 잘 드는 길가에도 많아요.

줄기 끝에 대롱대롱 꽃이삭이 달려요.
꽃이삭은 마디마다 가지가 두세 개씩 옆으로 벌어져 달려요.
작은 이삭은 누런 밤색이 돌고 윤이 나요.
바람이 불면 살랑살랑 움직이며
사락사락 소리가 나지요.
줄기에 달린 잎은 길이가 1~4cm로 짧고,
뿌리 쪽에 난 잎은 20~40cm로 길어요.
잎은 안으로 말리거나 편평하고,
가장자리에 짧은 가시털이 나 있어요.
줄기는 가늘고 매끄러워요. 곧게 자라며 뭉쳐나지 않지요.
가늘고 긴 뿌리를 땅속으로 뻗으면서 자라나서,
작은 무더기를 이루어요. 뿌리에서 향이 나요.

작은 이삭   알갱이

비슷해 보이지만 볏과와는 다른
◆ 사초과 풀 ◆

작은 이삭

바람하늘지기
Fimbristylis miliacea

한해살이풀. **높이** 10~40cm
꽃 피는 때 8~10월 **열매 맺는 때** 10월

눅눅한 땅에서 잘 자라요.
논에서 많이 볼 수 있어요.
이삭은 줄기 끝에서 여러 가지로 갈라져 있어요.
작은 이삭은 달걀 모양인데 길이 0.6mm로
아주 작고 가벼워 바람에 잘 퍼져요.
잎은 실처럼 가늘어요.
줄기는 뭉쳐서 나지요.

알갱이

괭이사초
Carex neurocarpa

여러해살이풀. **높이** 30~60cm
꽃 피는 때 7~8월 **열매 맺는 때** 8월

눅눅한 땅에서 잘 자라요.
줄기 끝에 달걀 모양의 낟알이
빽빽하게 모여 나서 덩어리를 이루어요.
알갱이 끝에 짧은 까락이 있어요.
잎은 줄기의 아래쪽에서 모여 나는데
납작하거나 안쪽으로 약간 말리기도 하지요.
잎 가장자리는 까끌거려요.
줄기가 곧게 서고 세모져요.
털이 없으며 윤이 나지요.

작은 이삭

방동사니
Cyperus amuricus

한해살이풀. **높이** 10~60cm
꽃 피는 때 8~10월 **열매 맺는 때** 10월

축축한 곳에서 잘 자라요.
논에도 많고 길가에도 많아요.
줄기 끝에 여러 가지가 나고,
그 가지의 끝에 이삭이 모여 달려요.
이삭이 달리는 가지는 길이가 서로 달라요.
잎은 가늘고 연하며 끝이 처져요.
줄기는 세모졌고, 곧추 자라며
여러 개가 모여서 자라요.

비슷해 보이지만 벼과와는 다른
사초과 풀

작은 이삭

왕골
Cyperus exaltatus var. iwasakii

한해살이풀. **높이** 80~150cm
꽃 피는 때 9~10월 **열매 맺는 때** 10월

키가 아주 큰 풀이에요.
줄기로 돗자리나 여러 가지 살림살이를 만들려고
심어 기르기도 해요.
줄기 끝에서 가지가 5~10개 나오고
그 끝에 열매가 맺혀요.
작은 이삭이 다소 성글게 달리며
누런빛이 도는 풀색이에요.
잎은 줄기 밑부분에 나며
길이가 줄기만큼이나 길고 잎집이 줄기를 감싸요.
잎 가장자리는 까슬까슬하고
뒷면의 가운데 잎맥이 뚜렷하게 보여요.
줄기는 굵고 세모져요.

알갱이

올챙이고랭이
Scirpus juncoides var. hotarui

한해살이풀 또는 여러해살이풀. **높이** 15~70cm
꽃 피는 때 7~10월 **열매 맺는 때** 10월

물가에서 잘 자라요.
이삭은 가지가 없이 줄기에 딱 붙어서 달려요.
한 자리에 작은 이삭이 2~9개가 모여 달리지요.
익으면 검은 밤색이에요.
잎은 퇴화되어서 없어요.
줄기는 모여 나는데, 가늘고 곧게 자라요.
매끈하고 윤기가 나지요.

청사초
Carex breviculmis

여러해살이풀. **높이** 5~40cm
꽃 피는 때 4~6월

우리나라 어디서나 볼 수 있어요.
주로 길가와 산에서 자라요.
줄기 끝에 작은 방망이 모양으로
달리는 것은 수꽃이삭이에요.
암꽃이삭은 수꽃 아래에 달린답니다.
잎은 편평하고, 줄기가 세모져요.
줄기는 모여서 나요.

알갱이

❖ 용어 해설

- **가을걷이** 가을에 익은 곡식을 거두어들이는 것을 말해요. 한자로 '추수(秋收)'라고 하지요.

- **거름** 땅을 기름지게 하기 위해 뿌리는 거예요. 거름은 식물이 잘 자라도록 돕지요. 우리 조상들은 아주 오래전부터 똥, 오줌, 썩은 동식물로 영양이 풍부한 거름을 만들어서 썼어요.

- **겨** 벼, 보리, 조와 같은 곡식을 찧어 벗겨 낸 껍질을 이르는 말이에요. 왕겨, 속겨 등으로 쓰여요.

- **광합성** 녹색 식물이 빛 에너지를 받아서 이산화탄소와 물을 합해서 영양(녹말)을 만드는 과정을 말해요. 잎의 엽록소에서 이루어지지요.

- **김매기** 작물이 자라는 것을 방해하는 풀을 없애는 일을 말해요. 작물 포기 사이의 흙을 부드럽게 해 주는 일도 함께하지요.

- **까락** 벼, 보리 같은 알갱이의 껍질에 붙은 깔끄러운 수염을 말해요. '까끄라기'의 준말이에요.

- **나락** '벼'와 같은 말이에요.

- **나란히맥** 식물의 잎맥이 잎자루로부터 잎몸의 끝까지 줄줄이 나란해요. 벼나 대나무 잎 같은 볏과 식물의 잎이 나란히맥이지요. 한자로 '평행맥(平行脈)'이라고 해요.

- **논농사** 말 그대로 논에서 짓는 농사를 말해요. 논은 물을 대어 주로 벼를 가꾸는 땅이지요. 논을 한자로 '답(畓)'이라고 해요.

- **논둑** 논의 가장자리에 높고 길게 쌓아 올린 방죽을 일컫는 말이에요.

- **농부가** 농부들이 모내기나 김매기 같은 일을 하며 부르는 노래예요. 일할 때에 한 사람의 앞소리를 받아 여러 사람이 되풀이하면서 함께 부르지요. 황해도의 '김매기', 평안도의 '호미 타령', 경상도의 '옹헤야', 전라도의 '농부가' 들이 있어요.

- **모** '볏모'라고도 해요. 옮겨 심기 위하여 기른 벼의 싹을 일컬어요. 또는 벼 말고도 옮겨 심으려고 가꾼 온갖 어린 식물을 '모'라고 하지요. 이때는 보통 '모종'이라고 말해요.

- **모내기** 못자리에서 기른 모를 쪄 와서 벼를 수확할 때까지 기를 논에 옮겨 심는 일이에요. '모심기'라고도 해요.

- **모판** 예전에는 논 한쪽에 모판을 만들었어요. 논에 들어가서 손질하기 편리하게 하기 위하여 못자리 사이를 떼어 직사각형으로 다듬어 놓지요. 최근에는 넓적하고 얕은 상자를 모판으로 많이 써요. 기계로 모를 심으면서 바뀐 방법이에요.

- **못자리** 볍씨를 뿌려 모를 기르는 곳을 말해요. 또는 논에 볍씨를 뿌리는 일을 일컫기도 하지요.

- **못줄** 모를 심을 때 줄을 맞추기 위하여 쓰는 긴 줄이에요. 못줄에 일정한 간격마다 표시를 해 놓아서 모를 정확하고 고르게 심는 것을 도와주지요.

- **무논** 물이 괴어 있는 논을 말해요. 또는 물을 쉽게 댈 수 있는 논을 일컫기도 해요.

- **밭농사** 밭에서 짓는 농사를 말해요. 밭은 물을 대지 않고 작물을 기르는 땅인데, 필요할 때에 잠깐씩 물을 대기도 해요.

- **밭벼** 밭에 심어 기르는 벼예요. 모내기를 하지 않고 곧바로 밭에 볍씨를 뿌려 가꾸지요.

- **벼** 볏과의 한해살이풀이에요. 줄기는 높이가 80센티미터이고 속이 비었으며, 마디가 있어요. 잎은 어긋나고 긴 선 모양에 나란히맥이 있고 잎집과 잎사귀로 구분되지요. 꽃은 7~9월에 줄기 끝에 피는데 암술은 한 개, 수술은 여섯 개, 밑씨는 한 개 있어요.

- **벼농사** 인간이 생활하는 데 필요한 쌀을 얻기 위하여 벼를 기르는 일이에요. 논밭에 볍씨를 뿌려 벼를 기르고, 수확하고 탈곡하는 단계까지의 모든 과정을 말해요.

- **볏짚** 다 익은 벼의 낟알을 떨어낸 줄기를 말해요.

- **분얼** 식물 줄기의 밑동에 있는 마디에서 곁눈이 자라나서 줄기나 잎이 모여 나는 것을 말하지요. 벼의 경우, 모내기를 할 때 볏모 두세 개를 심으면 분얼을 해서 열 배 이상의 줄기와 잎이 자란답니다.

- **속겨** 곡식의 겉겨가 벗겨진 다음에 나온 고운 겨를 말해요. 가축의 먹이로도 써요.

- **수저** 숟가락과 젓가락을 아울러 이르는 말이에요. 또는 '숟가락'을 달리 이르는 말로 쓰기도 해요.

- **습지** 습기가 많은 축축한 땅을 말해요. 늪은 자연 습지이고, 논은 사람이 만든 인공 습지예요.

- **쌀** 벼에서 껍질을 벗겨 낸 알맹이를 말해요. 또는 볏과에 속한 곡식의 껍질을 벗긴 알을 통틀어 이르는 말로도 쓰지요. 보리쌀, 좁쌀 따위로 쓰여요.

- **쌀눈** 쌀의 씨눈이에요. 여기서 '눈'은 새로 막 터져 돋아나려는 싹을 뜻한답니다.

- **써레질** 써레로 논바닥을 평평하게 고르거나 흙덩이를 잘게 부수는 일을 말해요. 논에 물이 고르게 담겨야 벼가 골고루 잘 자라기 때문에 모내기하기 전에는 반드시 써레질을 해요. 사람이 손수하기도 하고, 소나 기계의 힘을 빌려 하기도 해요.

- **여러해살이풀** 겨울에는 땅 위의 부분이 죽어도 봄이 되면 다시 움이 돋아나는 풀이에요. 잔디, 쑥, 토끼풀, 자주달개비 등이 여러해살이풀이에요.

- **왕겨** 벼의 겉겨를 말해요.

- **이삭** 식물에서 꽃이 피고 꽃대의 끝에 열매가 더부룩하게 많이 열리는 부분을 말해요.

- **이엉** 초가집의 지붕이나 담을 이기 위해서 짚으로 엮은 것을 말해요.

- **정화수** 이른 새벽에 길은 우물물을 일컬어요. 부엌의 신인 조왕에게 가족들의 평안을 빌 때 쌀과 함께 떠 놓고 기도를 하지요. 약을 달이는 데에도 정화수를 써요.

- **짚** 벼, 보리, 밀, 조 따위의 이삭을 떨어낸 줄기와 잎을 말해요. 볏짚, 밀짚 등으로 쓰여요.

- **탈곡** 벼, 보리 따위의 이삭에서 낟알을 떨어내는 일이에요. 또는 벼나 보리 따위의 낟알에서 겉겨를 벗겨 내는 일을 뜻하기도 해요.

- **피사리** 농작물에 섞여 자란 피를 뽑아내는 일이에요.

- **한해살이풀** 일 년 안에 씨를 뿌려서 싹이 나서 자라 꽃이 피고 열매를 맺어요. 그러고 나면 다음 해가 되기 전에 시들어 죽는 풀이지요. 벼, 방동사니, 호박, 채송화 등이 한해살이풀이에요.

❖ 참고도서

권영업 글, 안경자 외 그림 《날씬한 벼》 웅진다책, 2008
김성윤 《세계인의 밥》 KLEINIX, 2010
김성호 《나의 생명 수업》 웅진지식하우스, 2011
김수현 《세밀화와 사진으로 보는 한국의 귀화식물》 일조각, 2009
김아리 《밥 힘으로 살아온 우리 민족》 아이세움, 2002
김창석 글, 안경자 외 그림 《세밀화로 그린 보리 어린이 풀 도감》 보리, 2008
김환표 《쌀밥 전쟁》 인물과사상사, 2006
김황용 글, 소복이 그림 《벌레의 비밀》 리젬, 2011
데이비드 몽고메리, 이수영 옮김 《문명이 앗아간 지구의 살갗, 흙》 삼천리, 2010
박원만 《텃밭 백과》 들녘, 2007
백명식 《위대한 쌀과 밥》 씽크스마트, 2011
브루스터 닌, 안진환 옮김 《누가 우리의 밥상을 지배하는가》 시대의창, 2010
(사)한국쌀연구회 《벼와 쌀 분야의 전문지식을 집대성한 벼와 쌀 1》 에피스테메, 2010
서경석 《위기의 밥상, 농업》 미래아이, 2010
신동원 《한국 과학사 이야기 2》 책과함께, 2011
에리크 프레딘·프레데리크 리자크, 이효숙 옮김 《식물의 역사와 미래》 초록개구리, 2011
요시다 도시미찌, 홍순명 옮김 《잘 먹겠습니다》 그물코, 2007
요시다 타로, 김석기 옮김 《농업이 문명을 움직인다》 들녘, 2011
윤덕노 《신의 선물 밥》 청보리, 2011
이나바 미츠구니, 홍순명 옮김 《생물 다양성을 살리는 유기논농사》 그물코, 2010
이오덕 엮음, 오윤 그림 《일하는 아이들》 보리, 2002
이창복 《대한식물도감》 향문사, 1999
이케다 가요코·매거진 하우스 엮음, 한성례 옮김 《세계가 만일 100명의 마을이라면》 국일미디어, 2005
전국귀농운동본부 엮음 《도시 사람을 위한 주말농사 텃밭 가꾸기》 들녘, 2001
전의식 글, 권혁도 외 그림 《보리 식물도감》 보리, 1998
정청라 글, 김중석 그림 《청라 이모의 오순도순 벼농사 이야기》 토토북, 2010
조셉 젠킨스, 이재성 옮김 《똥살리기 땅살리기》 녹색평론사, 2004
차윤정 《열려라! 꽃나라》 지성사, 2009
프랜씨스 라페, 허남혁 옮김 《식량에 관한 열두 가지 신화, 굶주리는 세계》 창비, 2003
프랭클린 히람 킹, 곽민영 옮김 《유기농업의 원류—중국·한국·일본, 4천 년의 농부》 들녘, 2006

- **잡지** : 《생태》, 《자연과생태》, 《전라도닷컴》
- **신문** : 〈농민신문〉 2011년 2월 9일자
  〈연합뉴스〉 2011년 3월 16일자
- **사전** : 《국립국어원 표준국어대사전》(http://stdweb2.korean.go.kr/)
  《보리 국어사전》 보리, 2008
- **교과서** : 초등 《슬기로운 생활》(1~2학년)
  초등 《과학》(3~6학년)
- **사이트** : 경기도농업기술원 http://www.nongup.gyeonggi.kr/
  국가생물종지식정보시스템 http://www.nature.go.kr/
  국립국악원 http://www.gugak.go.kr/
  농림수산식품부 www.maf.go.kr
  농촌진흥청-어린이체험관 http://www.rda.go.kr/children/
  쌀박물관 http://www.rice-museum.com/
  통계청 http://www.kostat.go.kr/
  한국농촌경제연구원 http://www.krei.re.kr/